MBA名师
这样谈管理

《蓝狮子经理人》◎编

ZHEJIANG UNIVERSITY PRESS
浙江大学出版社

告别"粗放的年代"，一起轻松学管理

吴晓波

整整一百年前，1911 年，美国人弗雷德里克·泰勒（Frederick W. Taylor）出版了《科学管理原理》，在这本小册子中，泰勒第一次提出了科学管理理念，让管理成为一门建立在明确的法规、条文和原则之上的社会科学。我们所有对管理的认识和理解，都是从这里开始的。

作为中国人，接触到泰勒的思想并不太晚，早在 1916 年，上海的中华书局就翻译出版了这本书，书名为《工厂适用学理的管理法》，翻译者穆藕初是一个年近四十的留美学生，他曾为此几次拜访过泰勒，是唯一跟这位伟大的管理学家有过切磋的中国人。更有意思的是，穆藕初的中文版竟比欧洲版出得还要早。

早期的中国，一直在科学管理上没有取得太大的进步。这个国家实在太大了,人口也实在太多了,法国年鉴学派的布罗代尔就曾经感叹说,"中国市场太大了,大到不需要通过科技的创新和管理的进步,就足以获得财富"。进入 20 世纪 80 年代以后,中国曾经在大力引进日本生产线的同时,引进了日本的一些管理思想,松下幸之助等人的书籍成为张瑞敏们"照本画瓢"的教科书。但是,随着消费市场的繁荣,管理再次被冷落,人们似乎发现,与其在内部抓成本核算,还不如多开几间销售公司、多登一些眩目的广告。"中国模式"的同义词,是低廉的劳动力成本、低廉的资源成本、低廉的土地成本、低廉的环境成本和"三免两减半"的低廉税收成本,这样的"低廉优势"终于在 2008 年的世界金融风暴之后被彻底耗尽。

对于今天的企业经营者来说,目光向内,提高各种管理能力——从经营效率、团队素质到管理方法——成为了新的、迫切的命题。

这种的情景,我们其实在 20 世纪 40 年代的美国、60 年代的日本、80 年代的中国台湾,都一一地看到过。

这便是我们引入台湾《经理人》这本杂志的初衷。当然,对于这本在台湾最受欢迎的管理方法类杂志,我们进行了本土化的改造,除了保留了其中关于"管理方法"的精华之外,还依据主题,每期采访一位内地优秀的企业家或经理人,让他们来现身说法,讲述各自在管理的"独家秘笈"。

从 2012 年 5 月创刊至今,《蓝狮子经理人》已出版了十几期,在这短短的时间里,它得到管理者们的认可和喜爱,已远远超出了我们的预期,从中也可看出企业对于"如何提高执行力?如何学会水平思考的技巧?如何增进社交的能力?如何做工作笔记?"这类可操作性的管理方法和技巧,是有多么大的需求。

基于此,我们把其中的内容抽取出来,分主题集结成书,以飨读者。

《MBA 名师这样谈管理》是多位商学院的管理教授对目标管理、团队管理、区域管理、财务管理、雇佣关系、情绪管理、品牌价值这些具体课题的解读,《顶级 CEO 这样管企业》则收录了 TCL 李东生、万科郁亮、青岛啤酒金志国、台积电张忠谋、携程范敏、信义房屋周俊吉、绿地张玉良、港华黄维义、如家孙坚、方太茅忠群、卡内基黑幼龙、施耐德朱海这几位两岸最优秀企业家的管理心得。

相信这些已经被无数读者检验过的内容不至令读者们失望。

从 A-Firm，J-Firm，到 C-Firm

《蓝狮子经理人》主编 王志仁

　　根据最乐观的估计，中国在 2025 年时经济总量会超过美国，成为全球第一。这表示在未来的"财富全球五百强"榜单中，中国企业会占据最多席次，在"福布斯全球富豪"榜中，中国会有最多人上榜，到世界各地市场去插上旗子的，更多将是来自中国的经理人。

　　但是，中国准备好了吗？《麦肯锡季刊》一份报告显示，2015—2020年，中国需要 75,000 名可以到海外从事管理工作的高阶经理人，但国内仅能供应 3000～5000 位，自给率不到 7％。这么大的缺口怎么填补？到国外招聘？恐怕很难，这类人才属于稀缺资源，全世界都在抢。

　　如果人才不到位，企业就不可能实现全球化，甚至在国内立足都难，遑论进入全球五百强。到各地市场插旗子沦为空谈，所有根据当前经济成长所做的未来预测，将因这个变项没有考虑进来而全盘失效，2025 最多是一则美丽而不会兑现的预言。

　　中国不缺做乐观估计的条件，以及实现这些估计的资源。到 2013 年上半年,中国外汇储备近 3 万亿美金,比 G20 的其他 19 个国家的总和还多;今年六月走出校门的大学毕业生超过 700 万,也是全球第一。

中国缺的是运用这些资源创造更大价值的方法。更具体地说,缺少优质的商业实践经验和管理知识,把资源做更充分的加值。沙子拿来盖楼,是称斤卖,如果经过提炼加工成为技术含量高的芯片,售价比金子还贵。

在这当中,不只是工艺层次决定了沙子的最终价值,而是其中准确到位的管理系统,比如芯片制作过程必须在无尘室里,工作人员必须全身穿戴无尘衣帽,严格遵守纪律,各环节紧密连系,才能把几亿个宽度只有头发万分之一的电路,放到指甲大小的芯片上。除了技术,最关键的是管理,决定了芯片厂的竞争力,哪怕只是合格率多 1%,都可能导致最终获利多 100%。

什么是中国企业要追求的 1%?这个问题很难回答,因为他们更看重的是 100%。时代赋予的难得机遇,注定他们大多数都会将成为机会主义者,追逐一个又一个拍岸的浪花,短暂而精采,偶尔壮观却难以重现。从 20 世纪八九十年代再到 21 世纪,弄潮者已更替好几回轮,不变的只有海浪和沙滩。

机会主义者能变现价值,结果就像下注,胜负是 0% 或 100%,但这谈不上创造价值,创造价值是不断透过无数个 1% 去积累,不仅做对的事,更要把事情做好。这有赖回到商业本质,从"效率"和"效能"角度出发,建立一套可以工作并且复制的方法,并在反复实践中提高标准。

中国是目前全球聚集最庞大资源的国家之一,包含内部和外部投入,而这些资源投入的原因,最终希望创造更大价值,不论回报是整体人均所得增加、企业获利增加或市场规模持续扩大。要达此目的,提升管理水平是关键。

管理是一套工具,用来聚集和分配资源,目的是创造价值。关于现代企业管理的完整论述,是由西方社会所建立,脱胎于德国前身普鲁士的军队管理,并进一步为美国军队管理制度所完善。公司的英文是compay,就是军队中的一个连,首席执行官是CEO,也来自军队里最高指挥官的用法。"战略(strategy)"和"战术(tactic)"等用语都来自军队。但是,管理的行为却是无时无刻在世界各地都发生,特别是中国,这个跃升最快的新兴经济体。

有所谓中国式管理吗?这是个容易理解却很难分析的命题。过去,这多半被"关系"、"权谋"和"手腕"等词汇所概括,或者置换成"红顶商人学"或清宫剧里的"帝王学"来演示。

这与我们所理解的管理,特别是西方社会在过去一百三十多年所积累的现代企业管理经验,有着极大出入,他们几乎是在论述两件完全不同的事,没有交集。"企业治理"、"股东权益至上"、"流程再造"、"品牌价值"和"全球竞争"这些舶来概念,要如何对应到中国式管理当中?

中国仍在管理启蒙阶段,目前处于诸子百家、而非定于一尊的时代,这同时也提醒我们,在中国做管理,还未至归纳做结论之时,更大范围接触和更进一步理解非常重要,任何"在中国做管理(生产、营销、人事、研发、财务……)就是什么"的这种总结式命题,都是危险的。界定范围、厘清问题,才能找到答案,管理无法速成,也没有放诸四海皆准的完美解答。

美国经济自"二战"后领先全球,更重要的是带来一整套"美国式管理(A-Firm)"方法,至今仍为各地企业和管理者推崇;日本经济在20世纪

80 年代崛起，有过黄金十年，"日本式管理（J-Firm）"曾带来冲击，尽管其后历经近二十年停滞，但无损其在全球舞台地位。

2025 年的预言要成真，将不只是一堆乐观数字和预测报告的堆积，而是要形成一套"中国式管理（C-Firm）"的方法和论述，这也是这系列书出版的目的：为中国商业和管理者打开一扇世界之窗，看清前行的路。

MBA目录

做好目标管理
从建立指标到拟定策略地图　031

刘顺仁

台湾大学会计学系暨研究所教授、美国匹兹堡大学会计学博士

目标往往非常抽象，如何将目标转化成看得见的指标是最重要的一步。

区域管理变革
迎接实权区域总部到来　049

于卓民

曾任美国伊利诺伊大学厄巴纳-香槟分校企业管理学系助理教授、美国密歇根大学企业管理博士

随着全球扩张与海外分公司日益茁壮，以总部直接掌控各分公司已不可能，取而代之的是建立一个具实权的区域总部来作为整合的中心。

团队管理的三个时点
开端、中间点、结尾的管理要诀　069

戚树诚

台湾大学工商管理学系教授兼系主任暨商学研究所所长、纽约州立大学布法罗分校组织与人力资源系博士

团队已是企业中最常见的组织形态之一，这些来自四面八方的团队成员，如何在共同的目标下发挥个人专长，并且让整体团队产生最大综合效果呢？

职场情绪管理学

陆 洛
台湾大学工商管理学系暨商学研究所特聘教授、英国牛津大学心理学博士

情绪管理对于身居一线的中层主管特别重要,主管除了肩负公司所赋予的使命与目标外,还必须适时地引导员工的情绪,转化成不断努力的动力。

谈一个好价钱

李庆琦
香港中文大学工商管理学院决策科学与企业经济系教授、美国宾夕法尼亚州立大学管理科学系博士

探讨谈判前的准备工作、谈判过程中双方你来我往的应对方式以及谈判结束时应有的礼仪,同时提出价格谈判时的三项基本要素,理清三大思路。

新竞争战略

陈明哲
美国弗吉尼亚大学达顿商学院讲座教授、《管理评论》杂志副总编、香港中文大学资深研究员与英国帝国理工学院客座教授,
全球著名企业竞争战略专家、华人企业战略研究权威

经理人所熟悉的竞争战略多是从产业和经济架构出发的静态分析,难以适应瞬息万变的市场竞争实况。动态竞争是战略分析的新典范。

打造生产控制模式
提高订单准交率

曾 伟
中山大学中外管理研究中心 EMBA 教授，
东京大学访问学者、中日中小企业比较研究专家，
广东欧博企业管理研究所所长

订单准交率是反映企业经营效果好与坏的重要指标，少批量、多批次、交货周期尽可能缩短势必成为未来订单发展的特点。

有效经营的双重矩阵
企业功能与目标一致，提高产出效益

陈定国
台湾师范大学管理学院讲座教授、美国密歇根大学企业管理博士

为达成用最少的资源投入，产生最大经济效益，企业应依循计划、组织、用人、指导、控制等五大管理功能，兼顾做事与管人，让企业目标与功能紧紧扣连，提高总体效益。

"品牌权益"解析
如何提升品牌价值、进行品牌估价

吴克振
台湾科技大学企业管理系主任、美国加利福尼亚大学伯克利分校作业研究/管理科学博士

随着越来越多的企业跨入品牌经营，品牌权益与品牌价值衡量也日益受到重视，通过层层分析，读者可完全掌握品牌权益的知识与内涵。

财务管理与企业目标

廖咸兴

台湾大学财务金融学系暨研究所教授、美国新泽西州立大学博士

企业的目标在于为股东创造价值，企业经营者的任务在于通过投资实现此一目标，而财务则扮演支持与控制的角色，协助创造更多的价值。理解并善用财务分析方法，能为企业创造更多价值。

首席财务官（CFO）的职能转换

孙　铮

上海财经大学副校长、中国会计学会副会长、财政部会计准则委员会委员、上海证券交易所上市委员会委员

CFO已不是简单的幕后理财专家，而是公司方向性、规划性的战略设计者。他们正在参与公司经营的全过程，包括制定公司的发展战略，领导公司进行自身变革，并以一种真正的伙伴关系同CEO合力制定企业的关键决策。

MBA

理清雇佣关系
四大雇佣形态下的管理原则

本文从东西方文化对雇主与员工双方关系的侧重差异入手，提出四种雇佣关系，并说明在不同的关系形态中，企业如何界定与员工关系的本质，进而拟定绩效管理的基本态度与原则。

名师简介

黄炽森

美国普渡大学组织行为及人力资源管理学系博士，现为香港中文大学管理学系专任教授。除了曾指导私营企业外，也曾为联合国、世界银行、政府等机构撰写政策建议及顾问报告，另外也为政府单位、社会服务和法定机构提供培训及顾问服务。著有《组织行为和人力资源研究方法入门》等书，专长领域为组织行为、人力资源研究等。

结合东西方文化，重新审视雇佣关系

现代管理学这门学科，起源于西方的"产业革命"（industrial revolution，又称"工业革命"），旨在探讨产业革命后出现的大量追求利润的私人企业。因此，西方管理学将雇主与员工的双方关系，假定为基于经济利益的交易关系；而由于管理人员代表企业，所以关于主管和部属的关系探讨，也应用了相同的假定。

雇主与员工之间的关系要想长期维持，不但双方都要能为对方作出有利的贡献，还要对方难以找到比对方更好的合作者。而一旦出现了更好的提供者，双方的交易关系便会受到冲击。

然而，将雇主与员工的关系视为纯经济利益上的交易，对企业的运作并不是最有利的选择，因此西方管理学在探讨雇主与员工的关系时，逐渐由单纯的人事管理（即把人与事视为相同的，都是需要管理的）转换至"人力资源管理"（human resource management，即视人为特别重要的资源），借以淡化雇主与员工之间的纯经济关系，同时在理论上加入了非短期纯经济的交易（例如，双方较长远的信任、尊重和照顾），进而发展成"社会交换理论"（social exchange theory）。

不同于一般的雇佣关系，社会交换理论主张良好的双方关系是长期的，无需立即获得经济上的报酬（例如也可以获得爱与关怀），因为劳资双方都相信，就长远而言，大家最终都能得到近乎对等的好处，所以愿意不在短时间内斤斤计较。对西方学界和管理人员而言，这样的看法无可厚非，而且理所当然；不过，加入了长期的信任与尊重的交易，是否就足以将雇佣关系完全说明清楚？在深受儒家和佛学影响的东方社会里，就算是在私营的商业机构里，单从相互交易的角度来看雇主与员工的关系，很多时候总会使人觉得过于简单，忽略了东方社会人际关系中所强调的价值。

因此，如何在西方社会强调的交易之上，加入东方社会所重视的责任感，以便管理雇主与员工间的关系，并针对员工如何提升绩效给予建议，就显得相当重要。

西方重利益，东方讲情义

根据社会交换理论，企业将自己与员工视为一种交易的关系，而交易的本质主要取决于时间长短及交易次数多寡，企业不希望员工（或部属）斤斤计较，所以会设法与他们建立长远的关系，让员工相信只要他们尽忠职守，对企业一直有所贡献，企业就会回报他们。

上述做法虽然比短期纯经济交易更人性化，却有其条件限制：一旦环境有所变动，企业与员工的关系势必得随之调整。例如，若劳动市场"供过于求"，企业可以用更低的条件聘用新员工，雇主是否应该立即终止对既有员工的聘用条件呢？反之，若劳动市场"供不应求"，员工是否应要求雇主立即改变聘用条件或寻找更好的雇主呢？

从 20 世纪 90 年代至今的约 20 年间，雇主与员工双方似乎都认为答案是肯定的。许多年轻员工不再抱有"终生职业"的理念，有些人甚至以"在三四十岁前把钱赚够，然后退休"为人生理想，工作对他们而言，只是短期的金钱回报而已。反观企业（包括一些指标性的大企业），也是将员工视为"成本"而非"伙伴"，甚至会定期解雇 10%（或更多）绩效垫底的员工，并且视之为"很优秀"的管理措施。然而，绩效低的员工，未必表示他们不称职。

单从交易的角度来看，只要员工的绩效未达到理想目标，对企业的贡献下降，雇主便应立即终止对此员工的回报。或者，雇主在决定终止雇佣关系（无论短期或长期）之前，可先给予员工机会改善绩效，借此获得员工的回报。然而，这真的是我们渴望拥有的雇佣关系吗？在东方社会中，人们难免会觉得这样的企业与做法，似乎太缺乏"情义"了。

一旦双方建立了关系，除了互惠的交易之外，东方社会的传统似乎更注重双方应担负的责任。无论是雇佣关系还是生意往来，"信用"均被视为是重要的资产之一，也是个人的美德。

借用现代的"契约精神"来解释，东方人在一个双方关系中，往往将自己应负的责任排在第一位；而且，除非对方已完全背弃了应负的责任，否则即使环境的变迁让自己拥有更好的选择，东方人仍会选择坚守承诺。在某些特定的双方关系中（例如曾共患难的朋友），东方人甚至会在对方已改变其应有的承诺之后，仍坚持履行应尽的义务，要求自己做到"他虽然不仁,但我不能无义"。

在东方社会里,这样的责任感被视为是一种美德,在其传统价值体系里也占有很重要的分量。由此便不难理解,许多华人企业家会将照顾员工直至退休(甚至是退休后的生活)视为理所当然的责任;即使员工已经年迈,无法对企业作出如新进员工同样的贡献,企业主仍会担负起一定的照顾责任。这样的雇佣关系,单纯从交易角度来看是很难理解的。

交易 vs 责任:雇佣关系矩阵

在商言商,东方社会中固有的责任感和价值观,是否会导致企业成本负担过重或竞争力下降呢?情义与商业原则是否必然是互斥的呢?在现代企业中,是否应将雇佣关系视为纯经济交易呢?在结合东西方观点展开分析之后,雇佣关系可大致划分为四种类型,如图1-1。横轴是从交易的角度来看,以交易的时间长短和交易次数的多寡来界定双方的关系。纵轴则是从看待合约的责任精神强弱来看,责任精神"强",代表除非对方已完全不负责任,否则己方仍会坚持负起责任,使双方都明白与另一方并非纯粹的利益交换关系,还负有道义责任,一旦违背承诺,便会遭到良心谴责。由此,可以划分出以下四种雇佣关系。

1.纯经济关系:双方的交易是短期的,彼此的关系建立在清晰明确的利

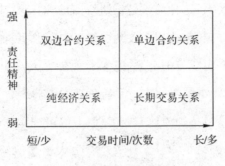

图 1-1　雇佣关系四种形态

益交换之上(例如,一方付出金钱,另一方付出劳力),因此若任何一方有更好的选择,便会基于自身利益而单方面终止关系,并不会有道德上的不安。

2.长期交易关系:双方的交易是基于长期、不同的交易内容,以及多方面互惠的关系(例如,企业的长期员工与企业交易的内容包括有形的劳力和无形的信任),但由于仍是以交易为本质,所以当环境发生改变,某一方认为有更好的选择,而对方又无法提供相同条件时,则会单方面终止原来的关系或重新订立关系,也会被视为理所当然,没有道德上的对错问题。

3.双边合约关系:虽是基于清晰、互惠互利的较短期关系,但合约双方仍将之视为有道德规范的责任,因此就算有更好的选择出现,只要对方仍负起其责任,己方就不会轻易改变或终止双方的关系。

例如,某公司(己方)以一年合约聘用一位助理(对方),过了三个月,由于环境改变(如人力市场供过于求),该公司只需要付该助理薪资的70%,就能聘用到另一名学历更高、工作能力更强的助理。如果是纯经济关系,除非解约成本太高,否则公司一定会立即转聘薪资较低、工作能力较强的人。但是,如果企业把已签订的合约视为有道德规范的承诺,加上原来的助理在工作上并无过失,则一定会等合约期满才另作安排。

4.单边合约关系:这种关系是长期的,而且主要是基于对方的身份或角色的考虑。例如,与企业创办人共同创业的左右手,很难再以对等条件或付出的内容来界定双方的关系;甚至企业创办人交出管理权给家族第二代时,接班人也得继承对此左右手所负有的责任。

单边合约关系最特别的地方在于"他不仁,我不能不义",如果对方并未承担其责任,己方给予的容忍和支持会远大于其他三种关系。正如同亲子之间存在着不易甚至不可能终止的关系,一些华人企业家对于年迈员工的照顾,便是将对方视为亲人,无论其对企业是否还有贡献,企业家都视之为自己的责任,对老员工加以照顾。

东西方文化差异下的企业经营各有利弊

就企业经营层面而言,西方社会从交易角度看待雇佣关系的好处是"在商言商",当经营环境改变时,可保持企业活力。此外,由于雇主和员工均倾向于从纯经济关系转为长期交易关系,因此双方都会努力使自己能够适应新的环境、保持竞争力。不过,正因为雇主和员工都很清楚,双方在利益的前提下,极可能会改变或者终止雇佣关系,所以彼此会尽量申明各自要负的责任,也会建立相关的合约法则,以保障双方的基本承诺。

总的来说,交易观点迫使西方管理将焦点放在"制度化"上,而这也是西方管理的优点。然而，以交易为本质的雇佣关系，却很容易变得无情。自20世纪80年代开始，整体经营环境越来越不稳定，导致许多企业放弃了对员工承担长远的责任，因此迫使员工用法律合约来保护自身的利益，形成劳资关系的对立和恶化。对企业来说，很难再拥有忠心耿耿的员工；对员工（尤其是年轻一代）而言，则很难制订长远稳定的职业生涯规划。这些问题的形成，都与怎样看待雇佣关系的本质有所关联。

反观东方社会，雇佣关系主要是以人际关系为基础，再加以延伸。缺点之一是管理方式的人治色彩浓厚，缺乏强有力而统一的制度；另一个缺点是，企业由于过分强调己方的责任，当经营环境变迁时，很可能会应变不及，而竞争力有所削弱。不过，着重与员工建立长远且稳定的雇佣关系，则是东方企业的优点。

企业与员工：界定关系本质，拟订管理原则

东西方对于雇佣关系的主张，看似截然不同，实则是关注面有所不同，而且前述四种雇佣关系，在东西方社会中都会出现。

例如，许多西方家族企业（尤其是中小企业）对于家族成员，仍采取"单边合约关系"的形态，只要他们仍是家族成员，并且在企业内工作，企业就会负起照顾的责任。此外，当企业发展到一定规模，员工的种类、各

自的贡献和职能差异越来越大时,便很难清楚界定雇主与员工的关系属于何种形态。

因此,要结合东西方的观点,就必须先了解企业中不同职位与身份的员工,借以分析企业与员工关系的本质及合适的对应方式,从而得知应该如何管理、领导和对待员工。同样的道理也适用于个别主管,由于每个部属的职能以及可能作出的贡献都不一样,所以主管应设法判断自己与每一位部属的关系本质,并找出最合适的应对方法。以下为四种雇佣关系下的企业管理原则(见图1-2)。

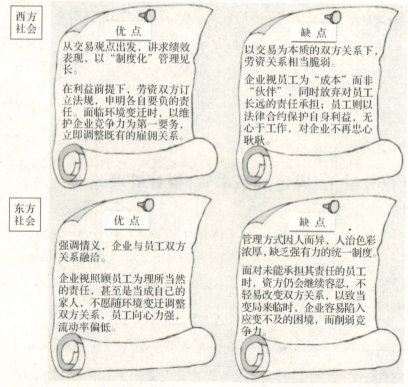

图1-2 西方社会 vs 东方社会:各有利弊的雇佣关系

1. 纯经济关系：对于显然是短期存在、不可能延续的职位，雇主最好明确订立给予员工的条件，而且对于员工的要求，也应以简单为主，不要让员工抱有不实际的期望，以为到期可续约或有发展的前景。

2. 长期交易关系：如果经营上无重大改变，员工的职位将持续存在（如企业核心业务的生产、销售和支持人员），这群员工虽是企业的稳定力量，也必须与时俱进，因此企业可通过公开、公正的制度，与员工展开沟通及谈判，以顺应时势的转变，弹性调整双方的责任与要求。

3. 双边合约关系：在这种关系下安排相关职位时，企业应该做的就是坚守最初承诺的责任。例如，企业一般而言并无法明确断定哪一位员工未来将成为核心管理人员，因而必须投入大量资源，以培训及储备未来的核心管理人才。

但与此同时，企业也不能强制要求员工未来一定要对企业作出回报，否则可能会产生反效果。何况，员工即使在合约期满后便离开，也可能为企业带来正面的形象。例如，一些企业为大学毕业生提供了良好的培训职位，虽然受训完毕后留下的人并不多，但转赴其他企业任职者，却能使企业在行业内的地位大为提高，甚至带来更多商机。

4. 单一合约关系：除了让员工遵守企业制度化的规范之外，企业也应建立员工的使命感，让员工将自己与企业视为命运共同体。因此，只要是在不危害企业利益的前提下，双方的关系便如亲人一般，都以不能尽责为耻的态度，来看待双边的关系。

主管与部属:善用双方关系,达成绩效目标

以上是四种雇佣关系下,企业如何管理员工的原则。而身为主管,处在这四种雇佣关系之中,一旦部属绩效出现问题时,应如何处理才算恰当? 以下列举了几个基本态度和处理原则(见图 1-3)。

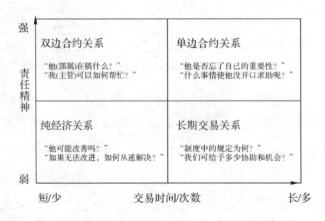

图 1-3　四种雇佣关系下的绩效管理

1. 纯经济关系:如果主管认为员工的状态难以改善,不值得投入太多资源以换取(或等待)他的改变时,主管应当机立断,在给予合理的机会后(如明确指出他的绩效问题与需要作出的改善),便应终止雇佣关系。

2.长期交易关系:主管应依据企业既有的绩效管理制度,给予员工应有的帮助和机会。在处理过程中,若发现公司制度有问题,应立即加以改善。面对此类型员工时,主管不应回避,而应以专业的管理方式来处理。

3.双边合约关系:主管的基本态度是尽量帮忙和协助,让对方感觉到主管对他的赏识和器重,使对方明白双方关系是很难得的机缘,如果因一时的问题而终止雇佣关系,是很不明智的行为。

4.单边合约关系:重点在于提醒对方其地位和角色是极为重要的,如有问题时,应主动寻求帮助。

结论 认清关系本质,雇佣双赢

本文从东西方文化对雇主与员工双方关系的侧重差异入手,提出四种雇佣关系,并说明在不同关系形态中,企业应如何界定与员工关系的本质,进而确定绩效管理的基本态度与原则。

经理人在了解公司属于哪一种雇佣关系后,会更加清楚该如何管理员工与公司的关系,同时面对多变的客观环境,也能更加确定策略的走向。

由于企业的目标达成最终必须落实在员工的管理和绩效上,因此对于企业与主管而言,认清与员工的关系本质,减少因误解而带来的错误期望,以及采取适合这种关系本质的管理方式,才能帮助员工提升绩效。而从员工的角度来看,清晰的雇佣关系所带来的明确期望,将有助于其职业生涯的规划。

MBA

中国式管理

不只"做对"事,更求圆满"做好"事

中国这一方风土人情,实实在在地影响到了中国人的管理,很难依照西方的标准来审视和评估中国人的行为。站在管理实务的立场,在学习理论界着重中西方"大同"的部分之余,我们必须更注重中西方"小异"的部分,把管理的内涵,依据中国人的行为,切实付诸实施,力求圆满而有效,这就是中国式管理。

名师简介

曾仕强

毕业于台湾师范大学工业教育系,获英国莱斯特大学管理哲学博士、英国牛津大学管理哲学荣誉博士;曾任中华企管网集团首席顾问,北京华夏智业管理学院院长,台湾交通大学、台湾师范大学教授,著有《中国管理哲学》、《二十一世纪易经管理法》、《中国式管理之组织行为学》等书,是第一位获邀至中央电视台《百家论坛》节目主讲的台湾学者,也是该栏目开播以来最高收视率的保持者;目前研究方向为:中国式管理、中西管理思想比较、《易经》管理等,长年致力于中国式管理,被誉为"中国式管理之父"。

很多人误以为,管理是从西方传过来的,中国在以前是没有管理的,这其实是毫无根据的看法。管理可以划分为实务和学术两个层面:管理的实务层面是自从有人类以来就存在的;而管理变成一门学问,则是由费雷德里克·泰勒(Frederick Winslow Taylor)在 19 世纪末 20 世纪初整理成一门课程后才逐渐成形的,刚开始大家对这门课并不了解,把它叫作"科学管理",日后才发现管理不是科学所能担当的,又进一步发展成为"管理科学"。

中国有万里长城、郑和下西洋等史迹史实,没有管理,怎么可能兴建这么大型的工程、率领这么大型的船队满世界跑? 只是我们从来没有把"管理"这两个字变成一个名词。

中国与西方的管理最大的不同在于,西方世界把人当成一种资源(source),而中国传统文化则认为人不是资源,而是利用资源的主体。因此,中国人在思考管理的本质时,基本上倾向于人性化管理,认为管理是艺术、是哲学,已经超越了科学的范围。

如何运用中国式管理？
把管理的内涵，依据中国人的行为付诸实施

在谈论中国式管理之前，应先就"中国人"这三个字加以定义。我们的态度是秉持孔子的立场："凡是接受中华文化，以中华文化为依据而言行的人，不论其血统、出生地、国籍为何，都是中国人。"

有些人自以为既然生为中国人，自然知道中国人的所言所行，不愿意花费时间和精力来研究中国人的行为。有些人则是喜欢用西方的观点来观察中国人的行为，但是在内心深处，却又存在着某些中国人的牢不可破的观念，造成看的、想的是一套，做的又是另一套，逐渐强化了"嘴巴上说得好听，实际上办不到"的行为方式，久而久之，形成口是心非、言行不一致的陋习。

还有些人认为，人的行为大同小异，中国人和外国人说起来也差不多，所以不需要刻意强调中国式管理。然而，由于我们的包装哲学和西方人有着很大的差异，很难依照西方的标准来审视和评估中国人的行为；况且，站在管理实务的立场，正好和理论界重视"大同"的部分相反，必须注重"小异"的部分。因此，尽管我们常常指称中国人如何如何，实际上并不是想要刻意凸显"中国人如此，西洋人相反"，而是想要强调"中国人和外

国人在这些方面,有程度上的差异",并不是有或无,而是多或少,这样才不致陷入二分法的不利困境。

既然中国这一方风土人情实实在在地影响到了中国人的管理,可想而知,"运用中国人自己的方法来解决中国人的问题,的确会事半功倍"。而所谓中国式管理,事实上就是把管理的内涵,依据中国人的行为,切实地付诸实施,力求圆满而有效。

东西方管理行为的差异:
重是非、讲制度的个人主义 vs
求圆满、要互动的交互主义

同处在一个地球,东方人与西方人因为对所处环境的看法不同,从而形成了东西方管理行为的差异。

西方人观察宇宙万物,发现所有生物都发端于一个基本细胞;基本细胞一分裂为二,二分裂为四,四分裂为八……终于形成植物、动物和人类。

中国人考察宇宙万物,发觉"易有太极,是生两仪,两仪生四象,四象生八卦",如此生生不息。这和西方科学所发现的事实,逻辑上可以说是完全一样的。

但进一步探究"一怎么能生二"时,中西就有了不同的看法。西方人重视"二构成一"，总是以个体的对立来看待事物：公司有劳、资的对立；同仁有优、劣的对立；企业的生存竞争，也有其冲突的对立。

中国古人则认识到，对立固然存在，但也相辅相成。如果由"一内涵二"的取向来看，便不难发现"对立存在于统一"，所以《中庸》说："万物并育而不相害，道并行而不相悖。"有公司才有劳、资的存在，彼此应该互信互谅；同仁间有优才显得有劣，有劣也才显得有优，大家应该互助；有同业的竞争，才能力求精进，必须合理合法以谋求公平合作。

"二构成一"的观念，让西方人在管理上产生了"一切依据是非来判断"的科学化行为：对就是对，错就是错，相当简单明了。凡是经过判断为对的结果，就会成为共同遵守的标准，称为"标准化"；而为了要求组织成员共同遵行既定的标准，于是又将标准明定为制度，大家统一遵行制度，称之为"制度化"。

制度是西方企业组织成员一切分工合作的基本规范，是管理的出发点。任何成员的行为，只要合乎制度的就是"对"的行为，否则便是"错"的行为。遇到是非有所争执时，即采取"少数服从多数"的民主方式，最终达成协议，再修订原有的制度，成为众人依循的标准。

由此可见，西方的"二构成一"的观点，形塑出他们的"制衡思想"，并进一步发展为经由谈判分出大、小、是、非，以便共同遵行的制衡行为。这种行为的理论基础是个人主义（individualism）："谈判"是指满足各自的需要而进行的交易；"是非"在于确立个人的权利和义务；"制衡"则在维护并增强个人的权益。

有别于"二构成一"，中国的"一内涵二"观念，让中国人在管理上则产生"圆满重于是非"的人性化行为，所以我们才会常说："这样做对是对，可惜不够圆满。"可见中国人更要求把事情"做好",而非仅止于把事情"做对"。

这种行为的理论基础在于"交互主义"(mutualism),中国人既不完全奉行"个人主义",也不完全奉行"集体主义";既有"个人主义"思想,又有"集体主义"思想。简单说,中国人的处事行为奉行的是"看你对我如何,我就如何待你"这样的交互性原则。这样的"太极思想",让彼此之间不是一条直线,而是阴阳对称、淳涵浑朴的圆弧曲线,形成管理"不明确"的分寸。要避免过与不及,都需要相当的历练与智慧,有时甚至会造成困扰。

中国人管理行为三大特性:
明辨不执著、不受管、爱讲理,以理为核心,兼顾情与法

为求面面俱到,以免在不知不觉中树敌,导致中国人的言行变得很复杂,不但想到"我",还要顾及"你",更不能忘掉"他"。在横的方面要"和",对任何人的感情都应该发而皆中节,保持恰到好处的人际关系;在纵的方面则要"中",对于人事的处置,都应该有自己的原则,时时刻刻都不离这一根本。

中国人不能不坚持原则,否则会被别人批评为没有定准、缺乏制度,甚至胡作非为;但是坚持了原则也不能到处得罪人,弄得鸡飞狗跳。因

此,"持中致和"是既要坚持原则又能和谐相处,用广结善缘来坚持原则;既会做人又能做事,叫作"致中和",这才是真正的圆满。以下就"中和行为"的三大特性加以说明。

第一,不执着。

中国人满脑子"那可不一定"的念头,增加了管理的难度,包括:

- 不容易听信他人的话;

- 不重视团体规约;

- 不完全遵照上级命令行事;

- 不认真接受工作规范;

- 不相信企划;

- 不能真正科学化;

- 不容易完全标准化;

- 不能够大家一致,总认为我应该特别。

反过来看,"不执着"在管理上也有许多好处,例如:

- 头脑灵光,善于随机应变,对于变动具有良好的适应力;

- 在工作进行中,能够随时自动地适切调整,以求达成目标;

- 具有极大的弹性,可承受企业内外环境变迁所带来的多种压力;

- 有利的情势来临时,能及时加以把握,不受原定计划的限制;

- 不畏艰难,天大的困难,只要有心去做,都有办法解决。

中国人的不执着,正是弹性大的表现。说得难听一点,中国人最喜欢变鬼变怪;好听一点,则是中国人擅长应变创新。

第二,不受管。

中国人不管是嘴巴上说的或心里想的,经常都是"谁要你管""我做这么多年了,难道还要你管""你想管我? 先把你自己管好再说吧"这种风格,鲜少会有人说出"请你赶快来管我"这一类的话。

基于不受管的心态,所增添的管理上的麻烦包括:

- 不喜欢承受压力,越是压他,他越是表面应付,内心不愉快;
- 不爱看规约,看大家签字就跟着签,很少认真看,更别说牢记在心;
- 不愿意上级紧迫盯人。

至于不受管的好处则有:

- 不必管他,上司只要懂得"安抚"他、看得起他,退一步不去管他,他就会自动去做;
- 不必操心,只要让他身安心乐,他就会自动去操心;
- 不必制衡,因为不喜欢被管本来就是一种制衡,用不着想方设法安排制衡力量,到头来不过流于形式。

只是,人不受管,那还谈什么管理呢? 对此,中国人想出这样一套办法来应付:先看能不能管? 能管就管,不能管的人,要"理",你理他,他才会理你;如果再理不好,就要尽力"安"他,让他自愿卖力,这是中国人最高明的"安人"。

不过,中国人的不受管,也不是一定的。当他做得顺手的时候,最讨厌人家管他;但是一旦遭遇困难,特别是走投无路的时候,就会大声嚷叫:"为什么你都不管我?"因此,不受管其实也含有"受管"的成分,关键就在于"需要"。高明的管理者应该让部属觉得"有需要被管"时,才来管他,在平时只需作好准备,遇到紧要关头再亮出锦囊妙计。

第三,爱讲理。

我们经常讲"情理法",把情摆在前面,便误以为中国人最重视情,但其实中国人讲情是为了用来讲理的（如"合情合理"），法也是为了用来讲理的（如"合理合法"），绝对没有只讲情的。情是给你面子，但你要讲理，我给你面子，你若不讲理，我就翻脸无情，这才是典型的中国人。

中国人爱讲理，经常会带来以下几个管理上的困难：

● 道理多半是相对的，究竟孰是孰非很难判断；

● 大家都各说各话，只有嘴巴没有耳朵，增添了协调的困难，即使得出结论也有各自不同的认定；

● 人难免有成见或偏见，如果再加上固执己见，就很容易形成为了面子的意气之争；

● 立场改变，理就随着改变，往往计划时是儒家，执行时变道家，到了考核又是一副菩萨心肠；

● 说理的多，实行的少，造成"尽在那里说道理，以致没有时间真正去实行"。

不过，对管理者来说，中国人爱讲理的习性，大抵也有以下几个好处：

● 中国人常认为自己讲的才有道理，别人讲的都不尽合理，所以在管理上只要有办法"让他自己讲"，他就赖不掉了；

● 对中国人来说，管理即是"管得合理"，所以只要小心警觉，谦虚能容，而且力求合理，中国人自然能接受；

● 理直气就壮，无论众人如何议论纷纷，只要自己真的有理，便不必害怕，也不必计较；

● 有理者终究能得人心，而得人心者更容易显得有理，所以"由情入理"才是合情合理；

● 有理便可以依据道理来约束他人，但前提是要让对方自觉不讲理，才施以约束。所以,中国人说"法"的时候,总喜欢同时"合理合法"。

由上可知,不管是"合情合理"还是"合理合法",在"情"与"法"之外,都要把"理"拉进来,一切管理行为都不执著到合"理"的程度,不受管也合"理"地接受管理,就是真正合乎中国人的"管理合理化"。

西方企业在中国经营之道:
中国式管理不是"本地化"管理,而是"人性化"管理

许多西方企业在进入中国市场时,经常会面临文化差异的冲突,认为中国是人情的社会,因而绞尽脑汁想要摸索出一套在中国通行无阻的经营之道。

其实,制度化只是管理的初级阶段,我们一定要有制度,没有一家公司是没有制度的,只是我们绝对不可以百分之百照制度走,毕竟制度只管得到"例行",却管不了"例外"。举例来说,公司虽然明定了上下班时间,但是顾客不会遵照你的时间表,他有需要就会打电话给你,你没有接到电话就是损失,这就会对制度构成挑战。

因此,中国式管理不只是针对中国人的习性的一种"本地化"管理方法,而是在制度化的基础上,慢慢地建立与遵循合理的制度,寻求更人性化的管理之道。

融入中国市场的关键：
尊重当地主流文化，就是国际化的实践

西方人的思维是一刀切，对就对、错就错；中国人的思维则是两边倒，这样有理、那样也可以。所以，一句话讲完了，在西方是很分明的，真理越辩越明，但在中国就绝对不可能，不讲还好，越讲越乱。

说穿了，中国式管理大抵就几句话而已："很难讲"、"看着办"、"好商量"，西方人听到这类说法，多半会很生气，觉得说了等于没说。但是换个角度想，一切都很难讲、看着办、好商量，就表示还有很多可以变动的地方。由此可见，中国人有一套奇特的包装哲学，对自己的行为，不论是随机应变或投机取巧，一律包装成随机应变，以求合理化。难怪有人慨叹，"中国人很会做表面工夫"。不过，随机应变和投机取巧其实并不是真的那么难以分辨。同样是"变更"，如果"变来变去，不离开根本"，便是随机应变；若是变来变去，连根本都变掉了，就是投机取巧。

走遍全世界，许多国家的人都说人是动物的一种，只有中国人一再强调人是万物之灵；而面对万物之灵，你是不能管他的，只能跟他商量。也因此，对中国人来说，法是死的，理是活的，制度一定要人性化、合理化、可变动。这不只是东西方社会两种不同的态度，也是老天巧妙的安排，让民族性不一样，才有办法互动；《易经》把这个叫作交易，一交易就有新的东西产生，才会有变化。

无论是西方企业想要融入中国市场，或是中国企业想要走上国际舞台，道理都是一样的：如果能做到跟中国人讲中国人的东西，跟美国人讲美国人的东西，跟日本人讲日本人的东西，这才叫国际化。

换句话说，任何企业想要国际化，就不能把各种文化混在一起，只能有一种"主流文化"。我国台湾地区最好的外企之一飞利浦（Philips）就是最佳范例。曾仕强任教于台湾交通大学时，飞利浦的荷兰籍高级主管带了一位中文翻译来听他的课，回到公司后就告诉他底下的一级主管："以后有什么事情，就用你们中国人的方法解决，但是你要分析给我听，让我懂得你们为什么要这么做。"

起初，飞利浦的策略都是由荷兰人主导，后来就全部改用中国人。由此可见，不管是哪一个国家的企业，去到哪个国家，都要尊重当地文化；你的员工是哪里的人，就应该用哪里的文化来管理员工，这就叫主流文化。

结论　用易经的规律，引导管理的趋势

如果说管理的实务讲求因地制宜，要求全世界的人都一样是做不到

的,那么中国式管理绝对有普世通行的可能,因为我们有一部可供全人类共享的《易经》,这部经典的好处就是能够适应很多不同的环境,随机应变。

由此进一步探讨什么是中国式管理,定义就很清楚了——以《易经》的道理,指引科技的方向;用《易经》的规律,引导管理的趋势。《易经》的精华就是一句话而已:"一阴一阳之谓道。"这是一个生的观念,因为要有互动,才会产生功能,否则就没有效果。

中国人永远都是摇摆不定、脚踏两只船,所以说,中国式管理就好比"扯铃",你说它在动,它其实又没有动,因为轮子上半部在前进的时候,下半部就在后退。因此西方人所讲的东西,都不及中国人周全;中国人说时代在进步的同时,马上就知道有一部分一定是退步的,这才叫周全。

世界上的事情不可能一刀切,西方人却都走这条路,被"科学"这两个字害死了。《易经》讲变,不会单纯只讲变,一定也会把不变放在里面,两部分都讲,这叫易阴以阳,也是东西方管理哲学中最大的不同。

在我看来,我们有一句话叫"以不变应万变",是人类的最高智慧,只是长期以来都被误会为是糟糕的,甚至被扭曲为"以万变应万变",这实在是差太多了。"你要抓到不变的部分,才能变;抓不到不变的部分,千万不要变,否则就是乱变。"

面对环境的快速变迁,企业家应掌握中国式管理的基本观念,才不至于无所适从。中国式管理崇尚儒家哲学,管理层都以儒家为主,但基层还是实实在在的,偏向法家(以墨子为代表),讲求苦行、尚同,因此任何的变动还是必须由高层来启动,这不是阶级观念,而是现实状况就是如此,基层人员从根本上很难察觉竞争对手的动态。

中阶层是儒家,高阶层是道家。一开始是有为,最后是无为。一开始就无为会是一片散沙;始终都有为的话,那就不动脑筋,完全指望老板,结果是老板累死。中国式管理不像西方那样从一开始就把职称都固定下来,而讲究慢慢放,一切在自然而然中形成。

MBA

做好目标管理

从建立指标到拟定策略地图

经理人最常采用的有效提升绩效的方法就是目标管理，但是目标往往非常抽象，如何将目标转化成看得见的指标是最重要的一步。通过台湾大学会计学系暨研究所教授刘顺仁以故事实例的形式进行讲解，你可以循序做好目标管理。

名师简介

刘顺仁

美国匹兹堡大学会计学博士,现任台湾大学会计学系暨研究所教授;曾任美国马里兰州立大学助理教授、台湾大学"竞争力与创新研究中心"主任;专长领域为企业价值的财务报表、管理会计、非营利组织会计等;著有《财报就像一本故事书》、《管理要像一部好电影》、《决胜,在看不见的地方》等书。

找对指标，才能做好目标管理

1954 年，彼得·德鲁克（Peter Drucker）正式提出"目标管理"（MBO，management by objectives）的观念，对管理实务产生了极重大的影响。

全球半导体龙头英特尔公司（Intel Corporation）目前仍力行目标管理，主要做法如下：第一步，先制定公司层级的整体策略目标；第二步，由各部门承接公司目标，定下各自的部门目标；第三步，按此精神向下推衍，建立每个员工的个人目标。目标是抽象、看不见的，因此目标管理的一大重点，就是把目标转化成看得见的指标（indicator）。

真要考证起来，早在战国时期的秦国就是目标管理的高手。秦国的国家策略是统一六国，"耕"与"战"则是两大策略目标，但如何叫一般老百姓和士兵都能看得见这些目标呢？这必须要靠具体的指标——

"耕"的指标：为了提升农业生产力，秦国各县必须明确登记耕牛数量。如果农民饲养不当，1 年死 3 头牛以上，养牛者重罚，县令等长官连坐；负责饲养 10 头成年母牛者，如果其中 6 头不生小牛，饲主与相关人员也要一并惩处。

"战"的指标：为了强化士兵的作战意志，秦国宰相商鞅实施"首功制"，内容包括：斩杀敌人首级 1 个，可获爵位 1 级、田宅 1 处、仆人数个；

斩杀敌人 2 个首级，身陷牢狱的父母就可立即成为自由人，如果妻子是奴隶，也可转为平民等。

在如此明确的量化绩效指标驱使下，秦国迅速成为农业大国，秦兵则变成"狼虎之师"，并吞了其他各国；但与此同时，秦国也和这些国家结下血海深仇，无法长期统治。

如何制定好的绩效指标？

把看不见的目标转化为看得见的指标，是提升组织绩效的基础。但什么是好的指标呢？指标的基本架构如下：

指标＝看不见的目标＋衡量误差＋人为操纵

因此，好的指标应该有以下三个特性：

第一，真实地反映看不见的目标。首先我们要自问，这个指标能真正反映出我们想衡量的目标吗？设计不良的指标，往往衡量不出我们真正感兴趣的事物，甚至背离了我们想要达成的目标。

◎实例：如何衡量顾客忠诚度（customer loyalty）

不少公司以"顾客重复购买的次数或总金额"来衡量顾客的忠诚

度,但这个指标其实衡量的是顾客保持度(customer retention),而不是顾客忠诚度。严格地说,顾客忠诚度必须包含三种不同的衡量指标:(1)顾客保持度;(2)顾客满意度(customer satisfaction);(3)顾客推荐度(customer advocacy)。

顾客可能存在重复性的购买行为,但其实并不满意公司的产品和服务,更不会热心向其他消费者推荐。例如,许多人虽然不满意自己存钱的银行或所使用的电信运营商,但仍然继续和这些公司交易。理由很简单,换一家银行可能需要填写不少文件;而换一家电信运营商,则必须告知众亲友电话号码的更改,工程都很浩大。这些不太满意的顾客,其实很容易在强力的竞争对手介入时流失,属于不稳定的客户,而不是忠诚的客户。

第二,减少衡量误差。即使没有人为的扭曲,太大的衡量误差,也会淹没组织目标所想传递的真正信息。

◎实例:如何衡量花椰菜的质量

美国农业部为了提升农产品的质量,对农产品的规格都有清楚的描述。例如,所谓质量良好的花椰菜(fancy broccoli),它的茎直径不能小于2.5英寸;而适合制作番茄酱的番茄,必须有90%以上的表面积是鲜红色的。

这些量化指标之所以会出现,是因为它们都是蔬菜外表上容易衡量的特征。但是蔬果内在的特征,像是风味及营养成分就较难衡量,而往往会被忽略。这种对外观衡量的重视,已经造成了一些副作用:研究显示,美国农民会使用某种具有毒性的杀虫剂,倒不是为了增加产量,而是为了达到农业部所规范的优质外观。

第三,避免人为操纵。在绩效评估的强大压力下,任何人都可能扭曲绩效指标,造成管理的盲点。

◎实例:英国航空第一件飞快的行李

著名管理学者拉吉夫·班克(Rajiv Banker)提及,他曾搭乘英国航空的飞机前往伦敦,飞机降落后,只见英航的行李搬运车飞快地冲了出来,搬运工开始卸下机舱内的行李,但是才卸下三四件后,又快速飞奔回去。之后,整个行李搬运作业又恢复了过去那种慢吞吞的水平。

班克十分错愕,好奇地询问工作人员。原来那时英航为了强化行李处理效率,定下一个新的指标,针对的是飞机在跑道上停妥后,到行李输送带卸下第一件行李的时间。"上有政策,下有对策",为了达到卸下第一件行李的时间要求,搬运工很快就想出了破解英航绩效制度的方法。

如何衡量"看不见"的目标？

制定好的指标固然重要，可偏偏许多重要而美好的目标，都很难量化。在此针对如何量化"感动"和"创新"，提供一些初步的想法和建议。

1. 如何衡量感动？利用问卷衡量顾客满意度，已是各行各业非常普遍的做法，但要如何更进一步衡量顾客的感动呢？

以出国旅游找住宿为例，有些国际大型的旅游网站会针对大城市的旅馆，进行顾客整体满意度的排名，这虽然可让挑选旅馆变得容易很多，但如果两家旅馆顾客整体满意度都是 5 分（满分），那么又要如何分出高下呢？

进一步研究，可以发现这些网站多半又会把满意度分为 7 个细项（例如服务、清洁程度等）。而在比对网友评论和各个细项之后发现，如果一个旅馆在 7 个细项都得到满分，则评论文字会明显透露出"感动"的情感。因此，统计一家旅馆在所有网友的评分中，"全部细项都得满分"的次数（满分率），对于"感动"就可以有相当合理的数量化衡量。

2. 如何衡量创新？一家公司的研究发展成果，与公司往后的竞争力和财务绩效密切相关。然而，在财务报表中，跟研发相关的信息，只有"研发支出"这一项科目。加上公司的研发活动的信息不易取得，使得大众难以了解和衡量公司的研发成果。

纽约大学教授巴鲁克·列夫(Baruch Lev)认为,专利权相关的指标(patent-related measures)可用来衡量创新能力和研发绩效。这些指标包括:

(1)专利权的数量(patent count),一般而言,专利数目越多,表示公司的研发成果越多。

(2)专利权数量与研发金额比例(patents per R&D),专利权数量与研发金额的比例,代表每单位的研发支出可产生的专利数量。该比值越高,表示公司使用研发经费的效率越高。

(3)引用影响系数(citation impact),引用影响系数主要是衡量专利权被引用的频率。专利权被引用的次数越多,表示它对于现今科技的发展越重要;创新出来的产品或服务,也比引用次数较少的专利权要来得好。

(4)科学关联性(science link),科学关联性指标是计算在研发的过程中,参考了多少科学期刊或论文。此指标可显示出一项专利权和科学研究的关系程度。指标数值越高,表示公司研发活动越倾向于基础科学的研究(如研发新药),而非普通的应用研究(如现有药物的改良)。基础性的研发投入越多,一旦有创新成果,所产生的效益就会很可观。

(5)技术循环时间(technology cycle time),一般而言,在产品发展和营销上,快速创新的公司会比依赖老旧技术的公司更成功。技术循环时间可显示出一家公司科技的进步速度。其计算方式是依照公司在进行研发活动时,引用平均距离现在多久以前的专利权。循环时间越短,表示公司的研发活动是参考较新的研发技术来进行,所运用的观念和研发技术较为新颖和进步。

在这五个与专利权相关的指标里,前两个是衡量公司研发成果的"数量",而后三项则是在衡量"质量"。例如,世界著名的陶氏化学公司(Dow Chemistry)每年新申请到的专利权数由 1989 年的 475 件逐年下降至 1995 年的 263 件,但这不表示该公司不重视创新。

相反,陶氏化学的研发具有很高的科学关联性,其指标由 1989 年的 0.84 逐年上升至 1995 年的 2.75,约为产业平均值 1.45 的 2 倍,这表示陶氏化学的研发逐渐倾向"基础研究"。换言之,陶氏化学的研发活动参考了各种科学性的学术期刊,而且投入较长时间从事"全新研究",例如开发新药、新的清洁剂成分、新的化妆品成分等。一旦研发成功,这些创新的质量往往很高,能为公司和社会带来高度的效益和贡献。

构建简单易懂的策略地图

策略地图(strategy map)是罗伯特·卡普兰(Robert Kaplan)与大卫·诺顿(David Norton)两位会计学教授继发展出"平衡计分卡"(BSC,balanced score card)的管理系统后,又一个帮助策略管理的工具。

平衡计分卡是由企业的愿景、价值及策略出发,通过财务、顾客、企业内部流程和学习成长等四个构面,联结目标和衡量指标,但并未谈及如何将各个构面有条理、有逻辑地组织起来，进而制定出一套达成各个策略目标的计划和流程。

策略地图就是想解决这个问题。因此，策略地图是一套为达成特定目标的行动方针路径图，它将企业的策略具体化，并理出各个策略之间的因果关系。而绩效地图（performance map）指的是将策略执行的结果加以数量化，并检验各项目标原先预期的关系是否真的存在。

我们以美国西南航空公司为例，通过表 3-1 与图 3-1 来解读平衡计分卡和策略地图。

表 3-1　连接策略目标和衡量指标（美国西南航空公司的平衡计分卡）

构面	策略目标	衡量指标	设定的目标值
财务	提高获利 增加收益 降低成本	市场价值 载客收入 购买或租赁飞机成本	年成长率30% 年成长率20% 年成长率5%
顾客	提供准时航班 最优惠价格	美国航空协会准时评比 顾客满意度排名（市场调查）	第一名 第一名
内部流程	航班起降有效率	飞机在地面时间 准时起飞率	30分钟 90%
学习成长	地勤人员为公司目标相互合作	地勤人员为公司股东的百分比／地勤人员接受训练的百分比	第一年：70% 第三年：90% 第五年：100%

1. 财务构面：一般企业多以获利为最终目标，而美国西南航空公司希望同时从收益和成本面，提升公司的获利表现，创造公司的市场价值。在收益面，美国西南航空公司以载客收入为衡量指标，以年成长 20% 为目标；在成本面，衡量指标为购买和租赁飞机的成本，以年降低成本 5% 为目标。

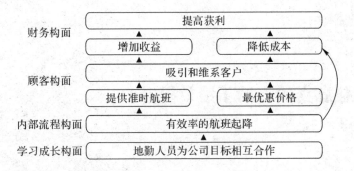

图 3-1　理清各策略之间因果关系（美国西南航空公司策略地图）

2. 顾客构面：要提升财务绩效，必须和顾客构面相关联。美国西南航空公司提出了两个顾客最重视的价值——航班准时和价格优惠。美国西南航空公司认为，公司若能掌握这两项关键因素，便能有效维系原有顾客，并吸引新顾客，扩大市场，创造营收。他们使用美国航空协会的准时评比和顾客满意度调查，来评估顾客构面目标的达成情况，目标是成为准时和顾客满意度评比的第一名。

3. 内部流程构面：为了使顾客和财务构面的成效展现出来，美国西南航空公司在内部流程构面的策略目标，是提升飞机起降的效率，以增加航班准时的概率、降低运营成本，并且有空间制定较优惠的价格。至于衡量指标则是飞机在地面停留操作的时间（尽量在 30 分钟内完成）和准时起飞率（达到 90％）。

4. 学习成长构面：美国西南航空公司特别重视地勤人员的训练，希望借由让员工工作更有方法和成效、彼此相互支持合作，来提升航班起降的效率。此外，美国西南航空公司也发放给员工股票选择权，将个人利益和公司利益结合，期望员工努力达成企业流程目标。

精确信息真的有助于绩效提升？

一般而言,企业可通过取得精确的信息及适当的管理机制,显著地提升绩效。但是相同的做法应用在不同的行业里,却可能导致不同的结果。

◎实例1:欧美卡车运输业

1990年以前,欧美国家的卡车运输公司采用的经营方式通常是由卡车司机自己拥有车辆,自主地决定开车的路线及工作方式,并支付一笔固定的"靠行费"给公司。这是因为卡车一旦上路,公司无法取得足够的信息来监督司机的行为。而运输公司的策略,一般而言也较为保守松散。

但是当卫星定位系统(GPS)普遍应用后,卡车运输行业发生了很大变化。由于在卡车内装置GPS可以完全掌握司机的开车细节信息(路线、车速、停留地点及时间等),于是运输公司开始大量自行购买卡车,雇用卡车司机,事先规定并严格监督司机开车的路线与速度等行为。而运输公司也能采用更积极的策略,承揽新的业务。例如,有些易碎品必须要求司机行车速度不能太快,而且车速要保持稳定。

◎实例2:美国航空业

对航空业而言,航班是否能准时起飞,是相当重要的绩效指标。为了管理起飞延误,美国 A 航空公司设法精确地追溯延误的原因,并借此对应该为此负责的员工加以鼓励或惩戒。

A 航空公司制定了详细的起飞延误衡量系统,其对于延误的分类列举如下:

- 登机门人员过失:未能让所有顾客准时登机。
- 行李处理人员过失:未能准时将行李送进机舱。
- 机舱服务人员过失:未能准时使乘客在座位上坐好。
- 机舱清理人员:未能及时将机舱清理干净。
- 航班餐点人员:未能及时将餐点送进机舱。

通过这套制度,A 航空公司总部希望可以加强相关人员的责任感,正确地评估其绩效,进而改善起飞延误的情况。平心而论,这套追溯机制相当有效,即使没有绩效评估,员工光是想到自己的行为会被追踪,就会打起精神,避免不必要的延误。此外,公司员工也相当清楚总部的游戏规则,总部通常会定出"每个航站经理可接受的最低延误次数",若实际延误次数超过该标准,经理人就会被要求检讨甚至受到处罚。

相对地,另一家同业 S 航空公司的做法则大不相同。它在与 A 航空公司类似的信息系统中,增加了一个"集体延误"(team delay)项目,而不是像 A 航空公司一样,要求信息的精确。以上述"机舱服务人员过失"导致的延误为例,如果相关人员不在服务现场,就必须承

担过失，否则在 S 航空公司的系统中，都可以归类为"集体延误"。该
制度实施之后，"集体延误"成为 S 航空公司信息系统中最常见的延
误类型。

在卡车运输行业中，我们发现了拥有精确数据所产生的力量；反
观上述强调信息精确、责任追溯分明的 A 航空公司，它在起飞准点
率上的表现，是否会优于 S 航空公司呢？

答案揭晓，A 航空公司是世界上规模最大的航空公司——美国
航空（America Airline）；S 航空公司则是号称美国最有竞争力的西
南航空。有点意外吧！在西南航空"故意糊涂"管理下的起飞延误比
率，长期以来（1987—2007 年）都是业界中最低的，明显优于美国航
空（见表 3-2）。

表 3-2　西南航空与美国航空班机起降准时比例

航空公司	2006 年 10 月至 2007 年 10 月		1987 年 9 月至 2007 年 10 月	
	单位（%）	当年排名	单位（%）	长期排名
西南	80.4	3	82.1	1
西北	69.7	14	79.2	2
美国	69.5	15	78.5	3
大陆	74.8	8	78.5	4
金美	68	17	78.1	5
达美	76.9	6	77.6	6
联合	71.8	11	76.1	7
阿拉斯加	71.5	12	75.5	8
美国老鹰	69.9	13	74.1	9

资料来源：美国运输部：《航空消费者报告》，2007 年 12 月。

为什么美国航空强调精确的信息与责任感,却无法获得预期的效果呢?在实务运作中,美国航空这套看起来设计精良的机制,其实反而会造成以下的偏差行为:

● 延误通常会归责在最后一个接触业务的个人或团队身上,这会造成在延误即将发生时,其他人不愿意介入帮忙。

● 有些延误是由预料之外的事件造成,但由于没有符合规定的项目来记录,只好把责任算在最后一组接待顾客的人员头上。

● 有些员工会尽可能地把延误归因于天气不佳、塔台控管错误等不易查证的原因。

● 员工把全部重点都放在准时起飞上,为了达到这个目的,往往忽略了对顾客的服务。

● 员工为了正确记录起飞延误的原因,多花了不少时间和精神,但这些心力其实应该用在更有价值的活动上(如服务顾客)。

● 为了追究延误责任的归属,各机组团队往往互相指责抱怨,造成人事冲突。

相对而言,"集体延误"大大降低了信息回报系统的精确度,使得管理层无法了解延误的"真正"原因。但有趣的是,这看起来"故意糊涂"的信息系统,却产生了航空业最高的准点率。有一个与航班延误相关的小案例,颇为有趣,值得一提。汤姆·达斯(Tom Dass)是美国航空圣路易机场的资深航站经理,在他的管理下,起飞延误的准点率非常卓越,但是他的关键成功因素却很令人意外。

有一天,达斯实在看不惯同事间互相推诿责难的行为,便召集同仁开会宣布说:"以后如果飞机起飞有延误,不管是谁的问题,一律算在我身上,别再做那些鸡毛蒜皮的代号区分了。我只希望以后碰到可能发生延误时,大家要互相帮忙!"在达斯的新做法下,员工被扣绩效点数的压力消失了,又怀有不好意思连累达斯的歉疚感,当时间紧急时,大家都会自动来帮忙,整体的航班准时率反而提升了。

比较起来,西南航空是利用"制度"来处理航班延误的问题,达斯则是以"个人的创意与勇于负责的态度"来解决同样的问题。然而,如果要绩效保持长久,良好的制度通常胜过个人良好的态度,这也是西南航空长期拥有强大的竞争力的原因。

有关这个处理起飞延误的案例,我们可以简单总结如下:

1. 如果管理活动是个人性的,而且有好的科技手段可以产生精确的信息,则善用此信息来作个人的奖惩,的确可以提升绩效。运输业利用卫星定位技术,可以掌握司机的行车活动,就是这种情况。

2. 如果管理活动的本质是团队互助,则强调精确的信息与责罚分明,可能会带来反效果。西南航空以集体延误的方法,强调主管与员工间的学习与互助,反而是提升绩效的良方。

结论 软硬兼施,活用信息

策略管理工具中,平衡计分卡与策略地图的运用,刚好给经理人提供了一个解决方案,让经理人在追求利润之余,得以兼顾企业的愿景、财务、顾客,以及企业内部的学习成长。策略地图运作后所得到的结果——绩效地图,正好可以让经理人检视原先预期的各项关系是否真的存在。

企业团队的建立,同样是要求"硬者更硬,软者更软"。硬的部分是要求企业能善用财务诱因机制,鼓励员工发挥合作精神,将个人利益与团体利益互相结合。软的部分则是加强员工对"集体产出"的荣誉感,而这部分也会加深对不合作员工的同侪压力,避免产生搭便车、吃大锅饭的不良效应。

航空业飞机航班延误的管理问题,提醒我们不要迷信所谓"精确的信息就能提升管理绩效"。有些活动本身就是靠互助合作才能成功,单独精确地衡量它,反而会造成"假信息",引起反效果。对此,通过"故意糊涂"的信息系统,以及强调学习改进,而非责备诿过的组织气氛,对提升绩效会更有效果。

本文摘录自刘顺仁所著的《决胜:在看不见的地方》,图表均由刘顺仁提供)

MBA

区域管理变革
迎接实权区域总部到来

随着全球扩张与海外分公司日益成长，以总部直接掌控各分公司已不可能，取而代之的是建立一个具实权的区域总部来作为整合的中心。通过区域总部的演化与功能解析，了解区域总部的贡献，找出区域总部的核心价值与新使命，是所有经理人必修的课程之一。

名师简介

于卓民

美国密歇根大学企业管理博士,曾任美国伊利诺伊大学厄巴纳-香槟分校企业管理学系助理教授;专长领域为国际企业管理、国际营销管理、创业管理等。

区域总部的初期角色

很多公司到海外发展时,多半是由业务部门一马当先,在当地先找代理商,再设分公司(或子公司),攻下一个市场之后,再攻另一个市场。此为快速扩展国外业务的阶段,因为分公司的业务性质较为单纯,各国分公司多由总部(母公司)直接管理,如图 4-1 中的"1a"。

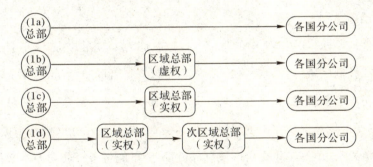

图 4-1　区域总部演化过程:从无到有、由虚权到实权

随着海外分公司逐渐发展与壮大,管理流程的设计、组织的企业文化与人力资源的管理等议题也越来越复杂。由于总部已无力管理所有分公司的事务,于是开始将决策权下放,让各分公司享有较大的自主权,以应对不同的竞争环境和当地市场的不同需求,制定弹性且及时的策略,并且发展差异化的产品线。

不过,总部在此阶段也不是完全放任各分公司自主,而是属于"有控制下的授权":总部管理层仍握有一定的权力;总部的事业部(或产品线)主管会监督各分公司,要求各分公司每周或每月定期汇报业绩,以及提报年度计划与年度预算等。

为了扩展事业,各分公司所开发及销售的产品日益多样化;然而,由于各地的市场规模有限,随着开发商品的增多,生产活动和营销活动越来越难达到规模经济。而当其他竞争者得以更有效率的运营方式切入市场时,各分公司单打独斗去面对各地市场的激烈竞争状况,就会显得力不从心。

当分布在不同区域(洲)的分公司数目逐渐增加,区域内的资源共享与分公司之间的协调渐显重要,于是总部便会设立"区域总部",以担任协调角色。

值此阶段(如图 4-1 中的"1b"),区域总部为一"虚拟总部",不会主动干预或控制区域内各分公司的活动,而是以支持者的角色出现,主要功能之一是配合租税规划,将位于同一地区的多家分公司整合在区域总部之下,享受区域总部所在国的税赋优惠。例如,在荷兰建立欧洲区域总部,将接单、下订单等工作交由区域总部负责,就可能将各分公司原本必须以 10% 利润率缴税的情况,改为只需以 3% 利润率缴税,从而节省巨额税款。

由于区域总部的设置会增加人事和其他成本,因此企业多半认为区域总部可有可无,扮演的角色也应该受到限制。但是,当亚洲市场崛起后,许多西方企业认识到,他们必须在亚太市场有更多的投资与承诺。例如,他们会指派资深董事担任区域领袖,甚至请企业总裁亲自到亚洲为新工厂落成剪彩等,而其中最重要的具体行动,便是设立一个区域总部,正式向投资大众宣告其进军亚太市场的决心。

虽然区域总部扮演了先锋者的角色,但传统上企业仍认为,一旦在该区域的市场地位稳固,各分公司又都能独立自主时,区域总部的阶段性使命就算达成了,即可宣告裁撤。

然而,现今环境趋势的演变,使得区域总部担负的责任日益重大,企业不宜再视之为抢滩头堡的过渡型角色,或只是节省税赋的支持型角色。

全球整合与当地响应的平衡

在全球化的推波助澜下,企业的触角日益延伸至全球市场:在环境方面,运输成本的降低、传播工具的改善、当地政府政策的开放与科技的进步等力量,拉近了国与国之间的距离;在市场方面,全球顾客的需求日趋于同质化;在竞争方面,企业面临越来越多跨国运营的竞争者;在经济方面,大量生产则可以得到较佳的成本优势。

即使如此,企业仍不能忽略各地市场需求的差异性(如各国对于电视的功能和价格有不同的偏好)。另外,各地市场的渠道主要还是以本土渠道商为主,而这些本土渠道商又偏好销售符合当地消费者需求的产品。

不容忽视的是,激烈的全球性竞争,促使企业必须同时"进行全球整合"和"响应当地需求";然而,在追求效率之际,势必会牺牲当地市场的一些特定需求。因此,全球性竞争对企业的挑战是:如何有效地调适"整合与响应"这两股需求之间的冲突。

这个任务并非简单的二分法,不论是要中央集权或地方分权,并非意指哪些活动要全球化、哪些活动要本土化,而是必须创造出一种制度,使企业既可以集权到足够发挥全球整合的效益,又可以分权到足够适应各地的需求。

区域经济整合情势对企业的影响

国际经营环境的变化,可能更为重要。2000 年以后,世界经济形势两个最大的变化是:世界贸易组织(WTO)减少了关税壁垒,以及区域经济整合(如北美自由贸易区、欧盟等)的形成。

这两股变化使得经贸活动在迈向全球化的同时,又形成一个个区域化市场(通常是以整个洲为基础)。政府的规章及文化的差异,将世界划分成北美、欧洲和亚洲三大经济体,而位于其中的企业,则是在区域内相互争夺市场占有率。

在全球规模的市场里,只有少数产业(如消费类电子行业)能存活,大部分的制造业和服务业,都必须同时达到响应当地的差异和有效率的整合。因此,成功的企业现在是以区域为基础来设计策略。

区域经济整合可视为是借由政治力所形成的经济群组,目的在于利用区域内经济活动的障碍较低的优势,以提高会员国的竞争力。在同一区域内,由于关税的减少或消除,跨国的运营成本将可降低许多。

对企业而言,区域经济整合一方面促使跨国界的交易成本降低,得以在幅员广大的区域市场里运营;另一方面,国界的弱压也使得需求可以汇集成较大规模,因而扩大了商品的潜在市场。由于企业可以根据区域内的顾客需求量身定做商品,同时又与其他区域维持差异性,所以不但能够兼顾全球化和本土化的好处,还能同时获得低成本和差异化的优势。

区域经济整合也对企业的经营决策产生影响,为拓展市场和降低运营成本,企业必须建立协调的程序、一致的技术标准和规章程序,而这大大增加了区域内各分公司相互协调的必要性。

◎区域经济整合为企业带来5大优势

1. 减少税赋负担:关税的减少或消除,抛开了跨国的税赋问题。

2. 扩大市场规模:企业得以在幅员广大的区域市场里运营,庞大的需求刺激了市场规模。

3. 降低运营成本:除了税赋外,由于区域内经济活动障碍消失,生产、运送成本也将随之降低。

4. 规模经济效益:将生产活动集中在成本较低的地方,留下来的工厂更容易达到规模经济的效益。

5. 强化当地优势:企业开始在区域内设立运营据点直接投资生产,使得区域内的竞争态势加强。

过去采取进口的企业,如今为了享受经济区域里成本较低的优势,会选择在区域内设立运营据点直接投资生产,使得区域内的竞争态势加强。由于区域内的物品流通,可能是无税赋或税赋相对较低的,所以影响了企业在区域市场内重新布局其价值活动的决策。如今,企业在决定生产据点时,可以抛开跨国的税赋问题,只需考虑最低的生产和运送成本总和,不必再像以往为了避免跨国货品交流的高额税赋,而选择在当地设立分公司和工厂。

将生产活动集中在成本较低的地方,会导致工厂数目减少,使得留下来的工厂更专精于生产更少样但可销售至更广泛地理市场的产品线,以达到规模经济的效益。然而,这势必会牵涉重新定位区域内各分公司的资源、目标、信息、职能、流程和决策等问题,这些都会使区域内各分公司之间有必要展开协调。

对分公司而言,区域经济整合的环境趋势,代表分公司将与位于同一个经济区域内的其他分公司竞争。如果分公司没有竞争优势,或是分公司所处的当地市场没有区位优势,则总部在考虑成本效益后,便有可能让区域内其他分公司取代其业务。

为了避免遭裁撤的命运,各分公司之间很可能会开始争夺运营权利。而这样的竞争固然可以促进企业的成长与进步,但若是缺乏有效的协调和处理,也可能会演变成企业内部分公司之间的恶性冲突,反而会降低企业的竞争力。

基于下述三个理由,位于同一区域内的跨国分公司,有必要加强彼此之间的协调:

1.区域性的竞争。区域经济整合的趋势,使得企业开始以区域的角度而非单一当地市场或全球的角度去思考策略。

当竞争者能够有效率地以区域性工厂生产低成本的商品、制作区域性的广告和店头陈列海报、提供区域性的赠品,甚至将具有竞争优势的 A 地市场的销货收入,拿来在较无优势的 B 地市场做大量促销活动的经费,以打击 B 地市场的领导者时,单打独斗的分公司将无法独力应付这种竞争上的劣势。

而若凡事都要请示距离遥远的总部,或是寻求总部提供支持,又可能因为总部无力管理众多分公司的业务,或是忽略了位于非主要市场的分公司的需求,将会拖延决策的时机,或是无法给予最合适的援助。

2.区域性的目标整合。在区域竞争的环境下,以往习惯单打独斗、各自有目标和资源的分公司,越来越难对抗竞争者,因此区域总部必须肩负起整合分公司的目标和资源的角色。

例如,雀巢公司(Néstle)旗下的分公司以往各自具备产品商业化的能力,但是在区域竞争的压力下,总部希望能够创造高效率的优势,导致分公司和总部之间的目标显得不一致,即需要有区域总部来进行整合。

3.区域性的价值活动构形与知识移转。世界是一个地理方格,许多价值活动散布其中,通过信息和商品流互相联结。对企业而言,有三种"流"的管理很重要:第一种是在研发活动和制造活动之间的"知识流";第二种是在研发活动和营销活动之间的"信息流";第三种是在制造活动和营销活动之间的"商品流"(见图 4-2)。

当研发、制造和营销活动皆是以区域为基础,则区域内的知识流、信息流和商品流将大幅增加,跨区域间的流动则会减少。如果只是单纯的总部决策或分公司决策,这些活动的构形或许就只能在总部或分公司所

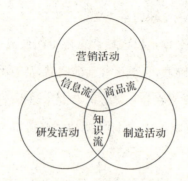

图 4-2　区域内知识流、信息流、商品流构成

在地之间作出取舍。然而，若以区域为整合的规模，则随着产品属性的不同，就可能出现多样化的地理构形。

例如，当产品规模经济大、知识密度高且距离敏感度较大时，则这三种价值活动可能都会置于区域内最大的市场；但如果上述三种属性皆不存在时，则研发和生产活动就可以在地理上较分散，而营销活动仍置于区域内最大的市场。

鉴于同一区域内分公司之间协调的必要性的增加，很多企业倾向在每一个区域市场（如北美、欧洲及亚洲）设立区域总部，以管理区域内的分公司。由于分公司所处的市场可能距离总部所处市场很远，加上环境差异颇大，所以必须采取一种区域内协调与整合的态度，去刺激及支持区域内各分公司的主动出击、资源共享和知识移转。因此，总部必须授权，让区域总部有实权去进行区域内要素市场的套利行为、资源和目标等的整合，有权力去协调区域内部的冲突、给予实时且必要的资源，并且利用企业在某一个市场的竞争优势，去加强在另一个市场的竞争优势。

以联合利华（Unilever）为例，该公司曾经同时拥有 1500 个品牌，为了改善经营上的低效,便将目标定为只保留 400 个品牌,然而各分公司拥有的强势品牌,却差异颇大。为了化解各分公司的反弹,该公司以区域的观点去进行该项决策,不但维持与当地市场顾客的密切接触,还授权区域经理人在所负责的区域市场内进行品牌整合,因而在新兴市场获得了成功。

具有实权的区域总部的功能

伴随着企业的规模成长,为了集中运用资源或资产以达到规模经济,使得同一区域里的各分公司必须进行协调;或为了应对竞争压力,促使跨国分公司之间必须共享资源时,握有实权的区域总部就会成立,如图 4-1 中的"1c"。

以营销工业计算机出名的研华科技为例,该公司的欧洲总部过去仅扮演支持角色,协助区域内各子公司的财务、人事及运筹事宜,但如今欧洲总部权力大为增加,担负起拟订、执行及监督区域内销售策略、渠道管理、营销等全面性的责任。简单说就是,区域总部过去没有业绩压力,现在有了业绩压力。

区域策略的实行与区域总部的设立,可帮助企业兼顾全球化与本土化的目标。基于以下理由,总部应授权区域总部经理人,以区域的观点去拟定策略。

1.避免全球规模不经济、以国家层级为整合单位的无效率。由总部拟订全球一致的策略,固然会有下列缺点:协调成本较高、太早或过度对市场作出承诺、较少响应当地市场的需求、与顾客有距离、有汇率的风险、牺牲个别子公司的利润或竞争地位等。然而,由分公司个别拟订策略,却又可能受限于单一市场的经济成长瓶颈,导致产能过剩及单位成本上升,或出现单一产品线未达经济规模即予以生产的无效率情形。

相形之下,区域化代表着一种折中,不会有全球规模不经济的情形,又可避免分公司个别拟订策略所造成的无效率。集结区域内各分公司的需求量,可形成以区域为基础的产品线,进而剔除一些不符合经济效益的产品线,并改以一些性质较相近的产品线,替代被剔除的产品线。由于区域内的顾客需求较相近,因此相较于由总部发展的产品线,区域型的产品线更能贴近当地市场的需求,既能达到效率规模,又可发展符合当地市场需求的产品。

此外,区域性的工厂还可减少、避免许多管理方面的沟通成本和激励的问题;而通过鼓励各分公司扩展本地以外的市场,也使企业能够更有效率地运用子公司的能力;至于有能力的经理人,将有机会从分公司升迁到区域总部,以服务全区域及发展全区域的策略,使得企业的人力资源获得更有效的利用。

2.聚焦于区域需求的偏好、同质的文化集群。发展全球化的产品,不代表要用"平均值"来管理。试想,如果日产汽车公司(NISSAN)总裁要求发展全球化的产品,按理说,设计师应该满足各国的需求,设计出各式各样的汽车,但受限于款式数量,最后做出来的可能是一个平均值、妥协之下的产品,顾客根本不会喜欢。

所谓全球一致的产品,是一个错误的诱惑。日本人要红色,就做红色;美国人要黄色,就做黄色;欧洲人要蓝色,就做蓝色。自以为将红黄蓝混在一起,做成黑色,就能同时满足所有人的需求,反而会让产品因为失去特色而没人喜欢。

若将世界划分成三大区域市场,只要抓住每一区域内最主要市场的消费偏好,设计出符合该地消费者需要的产品,其他各市场的需求,只需在可行的范围内适度修改即可。如此,只要用50％的款式,就能满足80％的市场;至于剩下20％的市场,则可以用另外50％的款式去满足(见图 4-3)。

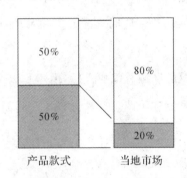

图 4-3　善用二八定律,打进各地市场

3.发展区域内部人的优势。接近市场绝非一蹴而就的是,例如,许多人将可口可乐视为全球一致的产品,但其实该公司在很多方面做到了因地制宜,所以才能成为全球性的品牌。换句话说,产品和品牌在各国运营体制的内涵,将会形成顾客对产品的偏好,这是由总部直接下决策的企业较难达到的优势;而且,越是属于便利品的商品,成为"市场内部人"的重要性就越高。

4.改进企业内部的沟通协调问题。由于距离的遥远和文化的差异，总部和分公司之间的沟通可能会存在障碍。相对于总部，区域总部可以传达给分公司较为清楚的目标和策略，而区域内各分公司的想法，也可以通过区域总部的过滤，用一种较为整合且可被理解的方式，传达给总部。因此，区域总部是总部和子公司之间的导管，扮演知识与信息移转的角色。

区域总部也简化了总部和分公司之间的复杂关系。拥有多个产品事业的企业，在尚未设立区域总部之前，总部的不同产品部门会去指导分公司的不同产品部门，但是分公司的高级经理人是以分公司整体的角度去考虑分公司的发展，因此常会造成总部的产品部门和分公司经理人之间的冲突。

然而，当握有实权的区域总部成立后，由于是以全区域的长期发展为考虑，便能较有效地过滤和协调总部和分公司之间的不一致，并且将总部的目标和策略清楚地传达给区域内各分公司，而区域内各分公司的想法也可通过区域总部传达给总部。

反之，没有区域总部居中协调，分公司的产品部若需要研发部的配合，就必须呈报总部的产品部和研发部，这种沟通往来将大大降低运营效率。因此，部分事宜如果能在区域总部就作裁决，将有助于提升决策的时效和效率。

5.鼓励区域内各分公司合作。当总部集权或各分公司分权时，各分公司之间并不会密切往来。然而，若有区域总部扮演区域内知识移转的角色，就能鼓励区域内各分公司的合作。区域总部扮演的组织记忆的功能,可让各分公司不吝于分享自己的能力与知识,进而增进各分公司之间的互惠关系。

6.由区域内的套利行为获利。区域总部可利用区域内各国生产要素成本的差异,进行价值活动的布局。例如,在区域内劳动力成本较低的国家从事劳动力密集型的生产工作;在研发人力较丰富的国家从事产品研发;在需求最具代表性的国家进行试销。

◎区域总部经理人拟定策略6大事项

1.贴近当地市场需求。产品线要贴近地主国市场的需求,开发出符合当地市场需求的产品。

2.找出消费者偏好。抓住当地市场消费者的偏好,设计出符合需求的产品,其他地区则稍作修改即可。

3.善用市场内部人员。决策上应多采纳当地经理人的建言,因为他们是最了解当地市场的一群人。

4.消弭沟通的障碍。区域总部应扮演好总部与分公司间沟通协调的角色。

5.知识转移的角色。区域内各分公司间的能力与知识分享,必须依赖区域总部扮演组织记忆的功能。

6.找寻最佳的方案。考虑区域内各国生产条件的差异,将制造、研发、销售分别布局在最适合的国家。

区域总部经理人的贡献

在总部的管理者,往往是以总部所在地的顾客需求为首要任务。虽然企业可能已在很多国家设有合资的分公司或工厂,但总部经理人还是会将总部的当地市场视为焦点。其实,总部经理人并非故意这样去做,只是受制于管理者的有限理性,无力以如此宽的控制幅度去掌管全球所有分公司。

总部在管理区域内各分公司时,之所以不如区域总部来得有效,主要是因为总部和各地区域的语言、货币或政治制度不同,地理距离非常遥远,再加上消费水平和基础建设的差异,使得总部在管理他地区域时,面临较大的障碍。企业在总部发展的知识和能力,受限于管理者的能力和经验,以及两地的差异性,仅能顺利移转部分。

由此可见,一旦离开总部所在的区域后,企业的优势将快速递减,而且随着距离的增加,移转的效果越差,交易成本也越大。因此,总部应该授权区域总部及其经理人,发展和部署"适用于该地区的竞争优势",并协助区域内各分公司进行知识的移转。将决策与运营移至区域,使得区域总部拥有实权去发展专属于该区域的优势,可使企业较能维持"内部人"的优势。

现代区域总部的新使命

在总部和分公司之间增设一个有实权的区域总部，虽然会为组织增添一个层级的管理成本，而且损失了各地市场各自运作的好处，但是在区域化的环境趋势下，区域整合的压力已大于响应各地市场的压力，因此具实权的区域总部仍有存在的必要性。

相对于总部而言，区域总部除了管理成本较低之外，还有两个好处：第一，区域总部有区域"内部人"的优势，可减少总部在跨地理区域进行运营管理的不利条件；第二，区域内各分公司经理人在认识到组织内部有良好的升迁体制时，将会全力为企业服务。

在过去，区域总部的主要角色就是财务管理及利润收集中心，以及为区域内各分公司提供工程、测试和设计等技术与服务，但如今这已不足以应付复杂的国际经营环境，因此区域总部应更积极地扮演策略发展与执行、管理区域运营及创业家的角色。

面对总部时，区域总部必须扮演策略发展和执行的角色，主要工作为：预算与控制、发展区域的长期策略、收集来自母公司或其他区域的信息等。在管理区域运营方面，区域总部则须扮演跨国协调的角色，找出区域内各分公司的标杆和最佳实务、协调控制各分公司的运营、决定各分公司的角色、确保区域内政策的一致性以求得综合效果,以及评估区域内分公司的运营绩效等,至于某些分公司可共享的价值活动,也应交由区域总部来管理。

在此同时,区域总部亦需扮演创业家的角色,包括寻找区域内的商机和主动出击;了解区域内各地市场环境的变化,并协助各事业部应对这些改变;对内向产品部门,对外向各地政府、社会大众、股东及财务机构,表达投资该区域的承诺。

当同一个区域里的文化较多元、需求较异质,或是同区域内的某些国家具有经济或文化的相似性时,同一区域里某些分公司之间的信息流、知识流和商品流,可能会远大于与其他分公司之间的信息流、知识流与商品流,此时,总部或许会在区域总部之下再设"次区域总部",以提高管理效能。次区域总部的存在,不但促进了该次区域内的协调与整合,隔绝了次区域和次区域之间不必要的协调与冲突,亦可协助区域总部运作得更顺利,让管理者更有效地进行各项整合工作。

以雀巢为例,该公司总部原本设有三个区域总部(欧洲、美洲、亚洲/大洋洲/非洲),但由于区域总部无法深入了解每个市场,所以又多设置了一个次区域总部层级,如在"亚洲/大洋洲/非洲"之下增设大中华区和北亚区(包括日本和韩国)等(如图 4-1 中的"1d"),并且下放某些权力给次区域总部。

依地理区域划分的次区域总部(见图 4-4),是一种组织次层级的整合平台,得依据次区域内的偏好与需求,发展特定的产品线,并进行管理。虽然次区域总部在进行管理时,还是必须依循区域总部所指示的目标,但由于相对于区域总部而言,次区域总部更接近各地市场,所以背负业绩的责任就会由区域总部转到次区域总部。

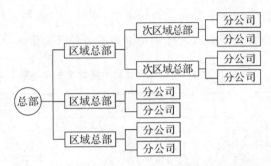

图 4-4　次级平台兴起，次区域总部提高管理效能

　　次级平台的存在，虽然可让管理人员更顺利地进行各项整合工作，但是次级平台设立过久时，会使得次级平台的经理人，把自己的目标等视为优先考虑，忽略了区域总部的目标，因此区域总部的主要工作之一，也包括针对次区域总部的目标与资源再作协调。

结论　因地制宜，明确分工

　　世界并不是一个完全整合的市场，海外市场也未必与中国相近，所以不能总是仰赖总部来拟定全球一致的策略，还必须将区域贸易和经济同盟的经济环境考虑在内，并针对不同的文化做到因地制宜。

　　面对全球性竞争，总部必须考虑与区域总部、分公司的分工（见图 4-1），并且设计一套可以辨识三大经济体的组织结构，让位于三大经济体内的分公司,能够发展专属于各特定区域的优势,把权力移交给区域总部的经理人,鼓励经理人以区域的角度去思考并落实策略。

表 4-1　总部、区域总部及分公司的角色与功能

总　部	区域总部	分公司
1.拟定整体策略	1.总部和分公司之间的桥梁	1.参与拟定总公司策略,执行地主国的策略
2.孕育和传承公司文化	2.发展区域的长期策略	2.服务客户
3.培养优势和发展(共同)平台	3.分公司角色的决定	3.支援渠道
4.政府支持(如法务)	4.管理与控制区域内分公司	4.收集市场信息和快速响应
5.统合功能(如品牌、财务、人才培训)	5.整合与协调区域内活动	5.建立地主国网络和策略联盟
6.建立知识管理系统(或制度)	6.共享价值活动(如研发和运筹)的管理	6.获取地主国知识和国际化经验
7.区域总部之间知识、经验、信息及资源的协调和调度	7.财务、人事的支援	7.发展优势(可移转他国使用)
8.区域总部的绩效评估	8.营销、销售及客服活动的规划	8.服务(或支持)邻国角色
	9.信息收集	9.与其他分公司的协调和配合
	10.分公司的绩效评估	10.打击竞争者的工具
	11.与合资伙伴关系的管理	
	12.发展新事业	

在环境的压力下,区域内整合各项功能活动的需要也越来越迫切。区域总部通过功能活动的整合,促进了区域的整合,因此区域总部的重要性和影响力在未来应会与日俱增。

对于步入国际市场多年的公司而言,如果分公司数目众多且散落在各地,已不太可能由总部直接掌控,而虚拟的区域总部也无法解决子公司的各种复杂问题。因此,除了目前在亚洲设立区域总部(大多由总部兼管)之外,接下来应考虑在欧洲增设区域总部。以区域作为整合中心,成立具有实权的区域总部的时代已然到来。

MBA

团队管理的三个时点
开端、中间点、结尾的管理要诀

团队，如今已是企业中最常见的组织形态之一，团队成员常因为企业某项任务而聚集，而这些来自四面八方的成员，如何在共同的目标下发挥个人专长，并且让整体团队产生最大综效（synergy）呢？台湾大学工商管理学系教授兼系主任暨商学研究所所长戚树诚对此提供了翔实的解答，并通过个案分析，从团队的开端到结束，逐项分析其中的奥妙。

名师简介

戚树诚

纽约州立大学布法罗分校组织与人力资源系博士,现任台湾大学工商管理学系教授兼系主任暨商学研究所所长;曾发表多篇论文于国际知名管理学期刊,两度荣获中国管理研究国际学会(IACMR)颁发的最佳论文奖;研究领域包括组织行为、人力资源管理、协商谈判、冲突管理等,并著有《组织行为》等书。

构成团队的必要条件

"团队"是现今企业经常使用的运作方式,原因是过去流行的科层组织已经无法符合现今的需求。在目前企业环境变异性大、技术不确定性高以及产品客制化的情形下,企业必须以一种弹性的结构来快速解决问题。

因此,团队俨然成为众所瞩目的"万灵丹",管理阶层纷纷尝试通过团队式组织来达成企业绩效。然而,并非每一个工作团队都称得上是真正的"团队",一个合格的团队必须符合以下条件:第一,团队的绩效表现不只是取决于团队成员个别的贡献,更取决于所有团队成员的集体贡献;第二,团队的责任是所有团队成员共同承担的,不只是每位团队成员承担自己分内的责任而已;第三,团队成员对于团队的使命怀抱一种共享的承诺感,不只是单单对于达成目标存在个别的兴趣;第四,团队必须具有一定程度的自主性,而不仅仅是被动地响应上级的命令或要求。

三个时点，做好团队管理

显然，能够达到上述几项标准的团队并不多见；相反地，大多数工作团队的绩效表现都差强人意。要如何改变这种结果呢？企业应如何进行有效的团队管理，以使团队成员更愿意投入心力与时间，来完成团队的使命与任务呢？

本文将要讨论团队管理的三个重要时点：开端、中间点、结尾。近几年，笔者多次在课堂上使用一个哈佛大学出版的企业个案，来说明这三个时点的团队管理，并与学生共同探讨在这三个时点分别应该注意的事项。

某公司炉具部门的财务长威廉，与刚上任一周的总经理迪克森会晤。新任总经理认为，公司管销费用（管理费用和销售费用）应立即大幅缩减，并告诉威廉他希望成立一个项目小组，负责制订一项在未来四个月内削减 20％ 管销费用的方案。他指示由威廉担任这个新项目小组的负责人，还要求他在两周内组成一个团队进行讨论，以提出削减方案，而他自己则会先休两周的假期，因为这个假期是事先与公司说好的。

炉具部门是公司在六年前收购而来的，在并购后，该部门便开始进行产品线及销售的大幅扩张；然而，就在前两年，该部门的销售额萎缩，获利急速下滑，前任总经理无法扭转颓势，因此公司改派迪克森前来整顿。迪克森的管理以严格、干练著称，他曾经整顿了该公司另一个面临财务危机的部门，并且成功地扭亏为盈，因此获得高层的重用。

紧接着，这个个案描述了炉具部门几位经理的工作内容及彼此间的相处关系，其中有业务经理、产品开发经理、营销经理、人事经理、生产经理，加上威廉本人共6位。

威廉在初步分析后发现，如果未来每个部门所削减的20％费用都来自薪资成本，某些部门将必须整体被裁撤。作为团队领导者，威廉应该如何进行团队管理？

团队的开端管理：明确的目标与资源评估

威廉在组成团队一开始，便遇到了一个很大的难题：新任总经理必须先休两周的假！这显然是一个不合情理的前提，但这是此个案作者故意要借此突显出有效的开端管理的重要性。

其实，我们不常听到人们谈论团队的开端管理，为什么呢？因为直觉上团队就这么开始了，好像不太需要特别注意什么问题。然而，就像一个人在刚开始做任何事时都需要经过慎重的思考,清楚自己的目的与目标,评估未来所需花费的资源与时间等。同样地,在团队刚组成时,当然也需要认真思索这个关键性的问题:团队要如何开始? 这不但是企业必须思考的问题,也是团队领导者无法回避的责任。

就团队的开端管理而言,以下有几件事是需要特别注意的。

1. 清晰的目标。一个团队在开始之初必须有清楚的目的,而且这个目的,必须能够被明确地描述出来,不能只是一个模糊的方向。目的清晰,才能让团队成员的努力不至于走样,在这一点上,威廉的团队目标似乎是很明确的。不过,这时候他最需要的反而是获得上司正式且公开的授权,以得到其他团队成员的支持;尤其是他的上司即将休假两周,威廉更需要在这位总经理休假之前得到公开的支持。

2. 正式的授权。在组织实际运作时,许多团队领导者的职级未必高于其他团队成员,这时,公开且正式的授权便分外重要。管理阶层往往以为选派一位团队领导者,就是要磨炼他的领导力,观察他如何带领团队。话虽没错,但是有了上级的正式批文,将大幅增强团队领导者的合法权,进而使得他未来在任务推动上更加顺手。因此,无论如何,团队的开始阶段都必须有明确的授权,除了书面公文之外,最理想的是上级莅临团队,并亲口进行指派,说明团队成立的原委。

3. 足够的资源。一个有效的团队必须有足够的资源来达成任务。团队成员隶属于不同的单位,基于不同部门各自的考虑,无法擅自提供自己部门的资源给团队。因此,团队领导者需要在团队成立伊始,便列出团队达成目标所需的资源,并向上级争取,以获得基本的人力与物力上的支持。

在课堂上讨论上文中的个案之前,笔者通常会询问同学:威廉一开始需要做哪些工作? 令人惊讶的是,有不少同学并没有想到威廉应该首先向总经理主动争取资源,这究竟是因为他们所在的企业一般都会为团队领导者设想周到,还是因为他们所属企业的组织文化,都不预期下属该向上司开口争取资源?

除了上司之外,在实际的组织运作中,许多团队必须获得其他相关部门的同意,方能获得某些必要资源,若是如此,则团队领导者更需要在团队成立伊始,就获得同级部门的首肯,以减少未来可能的沟通障碍。

4. 明确的直属上级。任何团队都需要一个明确的直属上级。在这个个案中,必须承担责任及具有最终决策权的上级,便是新任总经理。针对此点,企业必须回答以下问题:团队领导者应该向谁报告? 这个问题看似简单,但许多团队却无法清楚地回答。

例如,有少数团队的成立是相关部门妥协下的产物,以至于没人弄得清谁是团队真正的顶头上司,等到需要上级作决策时,团队领导者无从获得单一指示,而必须知会所有相关部门的意见,此结果将造成决策速度缓慢,严重时更会让团队士气大减,使团队决策沦为多头马车或无组织状态。

有了成功的开端管理,团队的起跑固然会有好的开始,但是能否持续下去,则有赖团队的上级、团队领导者以及全体团队成员的努力。

布鲁斯·塔克曼(Bruce Tuckman)在"团队发展五阶段"①模型中,描

---

① 1965 年,塔克曼发表文章《小型团队的发展序列》(*Developmental Sequence in Small Groups*),提出团队发展四阶段;1977 年,在原有四阶段中加入休整期(adjourning),形成团队发展五阶段。

述了团队从开始到结束的五个不同阶段(见图 5-1)。

组建期(forming)

团队成员:彼此了解有限,没有共同工作的经验或共识。

团队领导人:整合团队成员、建立清晰的团队目标、设立团队规范。

↓

激荡期(storming)

团队成员:具有基本团队合作技巧,但仍意见分歧,各有各的想法,时有争执摩擦。

团队领导人:扮演教练的角色,带领团队成员凝聚共识,同时保持自由表达意见的风气。

↓

规范期(norming)

团队成员:了解彼此行事风格,清楚团队的共同目标,并以此为优先。

团队领导人:指引团队正确的方向,有效达成任务,支持团队达成目标。

↓

执行期(performing)

团队成员:越来越有默契,充分了解职责所在,并能按计划完成工作。

团队领导人:持续关注团队状况,在突发事件发生时,给予必要的协助。

↓

休整期(adjourning)

团队成员:完成目标,准备解散或迎接新任务。

团队领导人:传承团队的经验,让团队成员觉得自己完成了一件意义非凡的任务。

图 5-1　团队发展五阶段:团队必经的动态历程

塔克曼指出,这五个阶段说明了一个团队从开始到结束必经的动态过程。

团队的中间点管理:检视目标背后根本的问题

近年的团队研究中,康妮·杰西克(Connie Gersick)借用生物学的概念,提出了"间断—平衡模型"(Punctuated-Equilibrium Model,见图 5-2),这个新的团队发展模型,已获得部分实证研究的支持。间断—平衡模型是以团队自创始至结束的中间点作一切割,将此期间区分为前半期和后半期。研究发现,团队的发展历程在前半期和后半期是截然不同的。

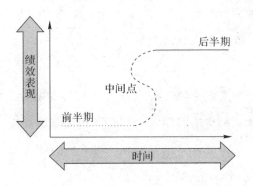

图 5-2　间断—平衡模型:中间点带来的转变

在其发展的前半期,团队会确认上级的工作任务。待确认之后,团队将处在一种平衡状态,成员们似乎不会感受到太大的时间压力,即使有人提出新的意见或想法,团队也不会积极予以讨论或改变原先的想法。可是，一旦过了中间点，团队会突然意识到时间的急迫性，进而积极展开目标的修订，直到团队任务达成为止。

这个模型给我们的启示是，团队领导者应该在中间点做些什么，才能顺利达成团队目标呢？

首先，团队领导者必须重新审视原先订定的团队目标。这个目标可能是上级交代的，也有可能是团队在成立伊始时对于目标的认知。无论是何者，在经过一段时间的讨论之后，团队就必须在中间点上确认，原先制订的目标是否实际？原先的目标究竟是手段还是目的？也就是说，理清原先目标的背后，是否存在更重要、更高层的目标。当然，这样的审视并不代表团队目标一定要改变，而是团队在中间点管理上的一项关键检验动作。

回到个案内容，原先上级交代的目标是"四个月内删减20％管销费用"，但经过了两周的研究，威廉的团队发现这个目标并不可行。项目小组于是决定，与其彼此争执如何删减费用，倒不如重新思索更根本的问题。

在个案的后续发展中，威廉与工作小组在过了中间点之后，便开始探讨原先目标背后更根本的问题："为什么要删减管销费用?""删减管销费用与利润有什么关系?"而一旦转换到更根本的问题，团队的目标也随之转变为"如何增加20％利润?"

这个认知的转换，称作"框架的改变"。著名组织学习专家克瑞斯·阿吉里斯①(Chris Argyris)曾以此观念来挑战企业经理人，主张管理者应

---

① 阿吉里斯提出组织学习的概念，将组织视为一个独立的整体，主张不只是个人需要学习，组织也要学习，并且将它分成单环学习与双环学习。

跳出单环学习（single-loop learning）的思考方式，进入到双环学习（double-loop learning）的思考方式（见表5-1），亦即挑战自己原本的前提假设，突破思维困境。同样的道理，团队也是如此，必须时常挑战原本的思考框架，才能突破困境，得到创意方案。

表 5-1　单环学习 vs 双环学习

单环学习（single-loop learning）	双环学习（double-loop learning）
被动接受变革，不作深层思考。在既定目标、任务与策略之下，通过信息的回馈，寻求更有效的执行方式。	除寻求有效的绩效外，也针对目标、策略与政策给予重新评估。除了发现并改正组织错误之外，还会对组织现有的规范、流程、政策及目标提出异议和修正。

过了中间点，团队领导者也必须正视进度问题，清楚掌握各项工作任务的详细流程，尤其是在时间有限的情形下，更需要将焦点放在团队任务的执行上。这时候，团队领导者如果决定改弦更张，重新调整原有的分工方式和工作内容，就必须改以更有效率的方式，在不牺牲绩效质量的前提下，在期限内完成。

团队的结尾管理：激励团员、汲取经验

我们常会看到，团队在结尾时常常只是交差了事或一哄而散。在达

成了上级交代的目标之后,成员们随即回到原本的工作角色,不再与原先的团队成员定期开会。或者,团队很不幸地没能达成交付的任务,这时候,他们更巴不得赶快回到自己的工作岗位,不愿再浪费时间在这个没有成果的团队任务上。

无论遇到哪一种状况,交差了事或一哄而散都不是理想的结尾方式。为什么呢?团队到了结尾,还有什么值得眷恋的呢?这个时候团队还需要做什么样的管理呢?团队的结尾管理至少应该包括以下两点。

首先,团队领导者(或是其上级)应该对全体团队成员总结团队的成果,并对所有成员的努力给予肯定与勉励。许多团队由于历时很久,成员们对于早先完成的事项都已淡忘;然而,即使成员们遗忘了,团队领导者却不应忽略同仁的贡献。

在团队解散前,团队领导者应仔细回顾团队从创始到结束的点点滴滴,为这些难得的历程作个总结,即使是发一封简短的电子邮件,或在最后的团队会议上,简单说几句话,都能让参与的成员感觉自己的付出并没有白费。正面的肯定与鼓励,将是他们参与下一次团队任务的最大鼓励和鞭策。

其次,除了总结团队成果及肯定大家的付出之外,团队领导者还必须做一件很重要但却经常被忽略的事,就是要引导全体成员汲取团队学习的经验,团队领导者应协助大家回答以下问题:我们从这次经历中获得了什么经验?

在个案所附的 DVD 影片中,设计了两种不同的结局。其一是,项目小组的最终方案被总经理所接受,在大家高兴之余,团队领导者引导整个团队共同思索团队经验所带来的体悟。有人提到,这次的团队经验使他更了解其他部门经理的想法；也有人提到，这次经验让大家更加认同整个组织。当然，对于"成功"的团队而言，这样的经验分享，或许并不困难。

不过，另一个结局则是，项目小组的最终方案没有总经理接受，团队立即笼罩在低气压下，大伙儿对于过去的努力与付出，感到无比失望与难过，更不用说打起精神继续开会了。然而，就在此时，威廉却强忍沮丧之情，尽力安抚大家的情绪，并且带领整个团队回顾一路走来的学习与领悟，借由分享的内容凸显出这次团队经历的宝贵和丰富。

团队就和个人一样，不见得每次的结果都会是成功的，难免有得也有失，重要的是，团队能否把握每次的学习经验，除了用来提升每位成员的能力与经验，更能将这次的团队经历转化为下一次的团队成效，那么就算这次失利又有何妨？

结论　将经验传承给下一个团队

总结以上，团队管理在起跑点上就需要注意的事包括：1. 团队必须有清晰的目标；2. 团队领导者必须被公开且正式地授权；3. 团队需要获得足够的资源（这方面，团队领导者最好能在起跑时，就得到上级或同级单位的首肯）；4. 团队需要有明确的、具有决策权的上级。

好的开端管理，将是团队成功的一半。而在经过一半时间之后，到达了中间点时，团队就应该检视目前的工作进度与互动过程；若有必要，团队领导者应引导团队成员重新思考团队的目标，再次定位团队的方向，并且制定明确的工作流程，加足马力来完成团队的使命。错过有效的中间点管理，团队目标将无法如期完成，只是徒然地将时间浪费在无效的沟通上。

最后，团队的结尾管理也非常重要。几乎每个团队成员都有可能很快就加入另一个新团队。今天的学习与成长，将是下次团队任务的基础。因此，团队领导者及团队的上级必须在团队结束之前，除了肯定团队成员的辛劳与付出，更应召集大家一同回顾过程中的心得与感想，从分享中共同汲取团队经验，借以将团队历程的学习效果最大化。

MBA

职场情绪管理学
中层主管该做与不该做的事

情绪管理不仅是职场工作者自我修炼的
重要课题之一,对于身居一线的中层主
管更是特别重要,主管除了肩负公司所
赋予的使命与目标外,还必须适时地引
导员工的情绪,将其将其转化成不断努
力的动力。对此,台湾大学工商管理学
系暨商学研究所特聘教授陆洛有着深刻
的观察,并提出职场情绪管理的八大原
则,为经理人上了宝贵的一堂课。

名师简介

陆 洛

英国牛津大学心理学博士,曾任牛津大学博士后研究员,现任台湾大学工商管理学系暨商学研究所特聘教授;策划、编、译、著有社会心理学丛书(共13册)、《心理学:日常生活中的应用》、《人格理论》、《社会心理学》、《中国人的自我:心理学分析》、《组织行为》等书;在文化、自我、职场健康及组织行为相关议题上有专长研究;已发表中英文期刊论文百余篇,国内外学术研讨会论文百余篇。

为何需要"情绪管理"？

　　身处经济全球化的 21 世纪，职场生态瞬息万变，工作压力与日俱增，社会政经大环境的改变、企业竞争的激化、组织的发展变革、个人生活中多重角色的责任，都可能成为工作者职场压力的源头，日积月累会对个人、组织，甚至对社会造成极大的伤害。

　　职场压力调适不良，常会导致焦虑、注意力无法集中、暴躁、易怒、人际关系紧张等心理症状，也会导致肠胃问题、高血压、内分泌失调、肌肉紧张、失眠等生理症状，甚至还可能引发精神疾病和自杀等更极端的后果。因此，如何做好情绪管理（emotions management）已成为职场工作者必备的重要技能之一。

　　工作压力的第一项征兆就是高涨的负面情绪，以下我们就以一个例子，来看职场中的情绪起伏对工作成效所带来的影响。

　　　　公司主管指派小盈负责规划并执行一个训练项目，客户是一家
　　　　知名的国际公司。在过去，这样的案子都是交给有多年资历的同事
　　　　负责，像小盈这般"出道"不到一年的"菜鸟"，接到这么大的案子还是
　　　　头一遭。有点受宠若惊的小盈，对上司的器重和提携不禁感激有加，

不过兴奋之余，隐隐约约地有些挥之不去的焦虑，毕竟这是小盈第一次负责这么大的案子。

小盈全神贯注地投入了项目的工作，约会、社交、休闲都暂时放在一边。当工作进行顺利时，小盈满心欢喜，兴奋与自豪溢于言表；当工作遇到困难时，小盈的情绪也沉入谷底，害怕、担心、挫折感油然而生。

好不容易，项目完成了。小盈自觉相当成功，满心骄傲，当然也有如释重负的感觉。当晚约了被冷落多日的男友，好好地庆祝了一番。

第二天，小盈把完整的项目工作报告连同客户的回馈表，一起交给了上司，心里早就想好了上司褒奖时自谦的"台词"。孰料，上司对于小盈日以继夜的努力和项目成果全无半句赞赏之词，却在报告中挑了几个无伤大雅的小错误。

走出上司的办公室，小盈满腔怨恨，觉得自己的努力被无视了，成果被看轻。期望与现实的落差是如此巨大，小盈愤愤地想："这样冷漠无情的上司，我再也不会为你卖命了！"

自此，小盈不再自告奋勇从事任何额外的工作，心情低落，对上司、工作、公司都日渐失望，常常想换工作，于是开始认真地查阅求职广告，并着手更新自己的履历表。

小盈的遭遇是否让你觉得心有戚戚焉呢？虽然我们常说现代化的组织应是个理性、非情绪化的地方，职场上也不断地强调组织规章、程序理性和工作效率，应把"情绪"拒之门外，绝口不提，似乎这些原始的、非理性的"情绪"与规划有序、注重效率、专业与公事公办的职场,是格格不入的。

然而事实上,职位升迁时,我们会雀跃不已;经济持续低迷时,我们会因为裁员传闻而惶惶不可终日;敲定一笔合约,我们会兴奋骄傲;上司独揽大功,我们会愤愤不平;同事表现出色,我们可能会备感威胁和嫉妒。

由此可见,职场中工作者个人的情绪无所不在,主管与部属都必须做好情绪管理,才不致因为个人的情绪起伏,而影响团队工作。

职场情绪守门人:第一线主管

人非草木,有人的地方就充斥着种种情绪。有的人天生敏感,芝麻绿豆大的小事皆会引发情绪崩溃,有人则坚韧不拔,身陷逆境犹能处之泰然。

职场情绪有好有坏,有正面效益,也可能带来负面影响。情绪在工作中的好处常常显而易见,高亢的工作情绪具有"传染性",办公室的欢笑和愉快情绪,能提升工作士气;至于因为工作成就而引发的兴奋和喜悦,则会进一步成为加倍努力的动力,进而诱发出对个人、公司都有利的正向循环。

不过,情绪也是一把双刃剑,它的有害之处也相当严重。过度兴奋常会局限住个人的思考和判断,而导致轻率的决策,或漏失重要的信息;强烈的愤怒则会损及职场上的人际关系,如"办公室暴力"等情形,在不景气的低气压中更易引爆;长期压抑愤怒和不满的情绪,对个人的身心健康同样深具杀伤力。

有鉴于此,职场情绪需妥善处理,以帮助员工完成其工作要求,同时又避免不当的情绪行为造成不良影响。身为主管,尤其是第一线的中、低层主管,若能以娴熟的社交技巧,在日常的人际互动中有效地管理甚至运用下属的各种情绪,一则能维持职场的秩序和正常运作,二则能强化团队的凝聚力和生产力,也有助于提升每个人的身心健康及工作质量。当然,上述故事中,小盈的上司若能适当地给予小盈鼓励、肯定和奖赏,小盈对公司的认同感,乃至于对上司本人的信任感,必会大大增加,而公司也可避免损失一位有潜力的员工。

用高 EQ 战胜冲动的情绪

在讨论情绪管理的具体策略之前,我们还是先想一下:何为高 EQ (emotional quotient,即情商)? 是像某位名模那样,在记者会上被问到尖锐问题时,依然甜甜地笑着"答非所问"? 还是要修炼到泰山崩于前而面不改色? 在回答问题之前,我们还是先来追根溯源一番,看看科学的心理学是如何提出"EQ"这个概念的。

◎探讨 EQ 的五大方向：情绪，主宰命运

EQ，又称为"情绪商数"，由丹尼尔·戈尔曼（Daniel Goleman）所提出。有别于 IQ（intelligence quotient，智力商数）以智力高低作为判断人表现的主要依据，EQ 涵盖了自制力、热忱、毅力、自我驱策力等方面。戈尔曼主张一个人的成就与 EQ 的高低互有关联。

心理学家彼得·萨洛维（Peter Salovey）则指出，EQ 探讨的重点应包含以下五个方向。

1. 认识自身的情绪。这是 EQ 最基本的能力，了解自己最真实的感受，才能避免沦为感觉的奴隶。

2. 妥善管理情绪。情绪的管理必须建立在自我认知的基础上，而情绪管理能力高的人，通常能较快走出低潮。

3. 自我激励。指克制冲动与克服自我膨胀的能力，具备自我激励能力的人，做事情效率都比较高。

4. 认知他人的情绪。也就是同理心，能从细微的观察中，得知他人的需求，进而站在对方的角度来思考事情。

5. 人际关系的管理。即管理他人情绪的能力，能充分掌握这项能力的人，通常在人缘、领导能力、人际和谐程度会比别人好很多。

其实，开启"EQ 仙境"的是一个相当严谨的心理学实验。心理学家沃尔特·米歇尔（Walter Mischel）于 20 世纪 60 年代曾邀请一群 4 岁的孩子来参加一项研究。他将孩子单独带进一个空空的房间里，孩子们一眼便看到房间中央的矮桌上放着一块诱人的甜点，迫不及待地要跑过去。

研究者轻轻将孩子抓住,告诉他(或她):"你现在就可以吃这一块甜点。不过,我现在必须去办些事情,如果你等到我回来再吃,就可以吃两块甜点。听懂了吗?"研究者在确定孩子听懂了之后,便离开房间,到隔壁的观察室里,记录孩子的一举一动。

这真是一场心理大战!有的孩子一见研究者离开,便急不可耐地抓起点心,塞进嘴里;有的撑了几分钟,还是不敌诱惑,终于吃掉了甜点,心满意足;不过,也有的孩子下定决心要等,他们用手蒙住眼睛,把头埋在臂弯里,自己玩游戏或唱歌,甚至睡觉。当研究者回来时,这些孩子终于等到了辛苦赚来的酬赏——两块甜点。

至此,这个研究的第一阶段结束了,研究者耐心地等着这些孩子长大。到他们上高中时,研究者再度找到他们,但这次没有"心理战",而是访问孩子们的父母和老师。访问的结果相当惊人:那些在4岁时就有毅力坚持等到第二块甜点的孩子们,现在都长成了"模范青少年",他们的心理适应良好,人缘好,受欢迎,敢于探索新事物,但不盲目冒险,自信可靠,又乐于助人。而那些在儿时就轻易向诱惑屈服的青少年,则大多固执易怒,挫折感严重,经常感到孤单,人际关系差,怯于挑战新事物,容易被压力击倒。在这些孩子高中毕业时,前者的学业成绩也明显优于后者。

这就是EQ吗?看来,克制冲动、拒绝诱惑实非易事,而这种能力确能使人在生命旅途中获益匪浅。或许那些"小时了了,大未必佳"的夭折天才所缺乏的,正是这种自我克制、自我超越的能力。读书深造,还是先去工作赚钱?花些钱投资自己学习第二专长,还是"潜龙勿用三年",打稳基础再求发展?人生难题一箩筐,若能用理性的"心"战胜冲动的"心",这或许就是高EQ的表现。

做好职场情绪管理八大原则

现在,我们可以来谈职场情绪管理了。情绪管理的策略无外乎两大类:改变外在环境,或改变个人对这些环境的看法,此正所谓"改变可以改变的,接受不可改变的,并有足够的智慧去判断什么是可以改变的,什么是必须接受的"。简单而言,职场情绪管理可遵循下列八大原则。

先处理情绪,再解决问题

当人在情绪中沉浮时,是不太可能理性地去面对问题或解决问题的。所以,当务之急是降火气、平情绪。此时可用"反应性语句"来鼓励员工承认并讨论自己的感受,这种技巧源自卡尔·罗杰斯(Carl Rogers)的非指导性(non-directive)辅导理论,主管可以说:"你似乎对……不太高兴"或"……好像让你有些心烦",这样的开场白能打破僵局,发现员工真正的感受,并开启讨论之门。

主管也可以主动道歉来化解员工的敌对情绪。道歉并非软弱的表现,也无损主管的威仪。相反,适当且诚挚的道歉,不仅能给予员工所渴望的公平正义,也能增强员工对主管的信任及亲密感。

◎非指导性(non-directive)辅导理论

心理学家卡尔·罗杰斯(Carl Rogers)花了一生的时间研究人类行为,创立了人本主义心理治疗体系,其流行程度仅次于西格蒙德·弗洛伊德(Sigmund Freud)的精神分析法。罗杰斯认为,每个人天生就具有自我实现的倾向,只要经过引导,人就能认识自我实现的正确方向。因此,他反对采取生硬和强制的态度对待患者,主张咨询者要有真诚关怀患者的感情,要通过认真的"听"达到真正的理解,在真诚和谐的关系中,启发患者运用自我指导能力,促进本身内在的健康成长。

避免火上加油

若要化解员工的负面情绪,主管应切记避免使用情绪化的语言,如指责员工"愚蠢"、"没用"、"工作没成效"之类的批评和贬义之词,只会对员工的不良情绪火上加油。另外,千万不可"以牙还牙",用情绪响应情绪,只会造成彼此强化的恶性循环。我们不是都有过这样的经验吗?我们会对某个同事生气,是因为他先生我们的气了。

当然,"硬碰硬"也并非好方法。陷于负面情绪中的人,听到"别这么孩子气"、"你生气也没用啊"这些话,其实会更生气或沮丧,只不过他们会尽力掩饰罢了,尤其是面对主管的时候。因此,尽管主管自认为是在进行坚决明快的干预,实际上却是让员工更觉疏离和孤立,更加破坏了彼此之间的关系。

积极行动,排解负面情绪

主管要帮助员工消除负面情绪,最好用"同理心"(empathy)而非"同情心"。所谓"同理",是设身处地,用非判断性的提问及回馈反应,让对方知道他们的想法和感受有人懂。概而言之就是,"你的感觉,我懂"。适当地运用同理心的技巧,也能鼓励员工正向、有建设性地面对问题。

而所谓"同情",则是意识到别人的需求和痛苦,并强烈地想要帮忙排解的欲望。同情者常会在无意中鼓励当事人继续陷在情绪中,"你好可怜,真惨啊,难怪你要放弃了"。如此的劝慰,其实只是肯定了当事人对情绪的解读而已。

其他"灭火"的技巧还有:允许员工表达难以控制的情绪,将情绪反应"正常化";也可以喊"暂停",暂时中止谈话,另约时间,待情绪冷却后再谈。

认清各种情绪的差异

要管理好自己或别人的情绪,首先必须了解诱发某种特定情绪的情境特性,以及维持这种情绪的机制。例如,三位没有得到升迁的员工,可能就有三种不同的情绪反应,一个愤怒,一个焦虑,另一个则感到沮丧。

"愤怒"通常来自于人们觉得重大目标受挫或遭受到不公平的待遇,"这次应该轮到我了","真不公平"。个人越是偏执于这种不公平感,越觉得愤愤不平。

当人们预期将发生不利的后果,却又自觉无法控制时,"焦虑"便产生了,比如"错过这次升迁,我又要熬上好几年了"。而高估未来事件的不利后果,则会维持焦虑的情绪,如"我一定还得做牛做马,又会被新进的'菜鸟'笑话,真是令人难以忍受"。

当人们觉得对未来缺乏掌控感和影响力,又无法阻止不利事件发生时,"沮丧"的情绪便会弥漫心头,"我的前途算是完了",而无助和自责又加深了沮丧的情绪,"都是我自己的错,我平常就应该在人际关系上多下点工夫的"。

由此可见,不同的情绪背后有着不同的思考模式。若员工的情绪问题已根深蒂固,此时主管可考虑将该名员工转交给专业人员来处理。

在可能的情况下,力图解决问题

一旦负面情绪获得排遣,主管就应积极地帮助员工寻求问题的根本解决之道,因为核心的问题不处理,负面情绪可能会一再引爆。

寻求问题解决也可以采用非主导式的方法,即所谓的"漏斗式询问法"(funnel approach,见图 6-1),先以开放式、探询式、比较式、虚拟式的提问法(例如,一开始可先闲话家常,再逐渐切入工作上的问题),如漏斗般,由广而狭,由虚而实,帮助员工逐步逼近问题的核心,最终界定出欲解决的焦点问题。下一步则以类似的漏斗式趋近法,寻求最佳的解决之道,如此非主导式的问题解决历程,一则强化了员工自己解决问题的信心和能力,二则也建立起主管与员工之间良性的合作互动关系。

不过,在某些情况下,对某些员工而言,传统威权式的"主导性"问题解决策略仍是最好的选择。

学习"主动接受"现实

现实常常很残酷,有些情形可能根本无法改变,如公司的裁员决定,

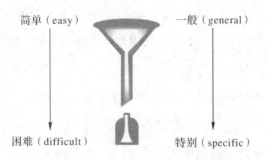

简单（easy）　　　　　一般（general）

困难（difficult）　　　　特别（specific）

图 6-1　漏斗式询问法：逐渐找出问题的核心

或同事拒不改变某个令人讨厌的行为，此时主管就必须帮助员工去积极主动接受这些无法改变的现实。人有时候必须降低或放弃自己不切实际或不可行的期待与目标；也要试着在逆境中寻求积极正面的意义，或换个角度，去发现事物光明美好的一面。其实，事情的答案常常不只一个！

善用每个人的情绪优势

每一种情绪，只要是适度的，都有其相应的功能；毕竟，情绪已经伴随着人类一路从非洲原野的弱肉强食，演化到都市生活的商场竞争，总有其价值。

例如，"无可救药的乐观主义者"最适合成为团队的"公关公主"或"活动股长"，在团队工作会议中张罗餐点，满桌美食必定能化解紧张的工作压力。那么一位"彻头彻尾的悲观主义者"呢？派他掌管财务，或任何需要精算的工作吧，总是弥漫着恐惧担心情绪的人，其实是很好的风险管控师，你发现了吗？

转念，解放自己

这可能是一项最困难的人生功课了。请你先想象以下这番情景——

95

　　某天晚上，你的家人相约去大卖场购物，为了看完手上的推理小说，你决定独自一人留在二楼书房。听着门关上的声音，一切归于平静，你再度陷入书中错综复杂的情节之中。不知过了多久，忽然一楼客厅传来一阵玻璃破碎的声音，是那只放在沙发桌上的水晶花瓶！怎么回事？

　　这虽然只是一个虚拟情景，但你若是身临其境，必定会有所思、有所感及有所为。我曾多次在课堂和演讲时以这个例子作测验，答案还真是五花八门。有的人会猜测"有小偷"；有的人怀疑是灵异现象；也有人认为是老鼠撞到了桌子，或者野猫偷溜了进来；还有人觉得自己可能看小说太入神了，居然没听到家人回来的声音，而花瓶极有可能是家人不小心打破的……凡此种种，当然都有可能，但关键是，做了上述的猜测之后，我们又会有什么感觉呢？

　　担心遭遇小偷的人不禁紧张起来，赶紧将书房门反锁，打电话报警。当然也有艺高人胆大的，拿了棒球棍要下楼教训窃贼；怀疑自己"撞鬼"的人则是心惊肉跳，完全不知如何是好，只能将自己所有"认得"的神灵请出来护驾；认定老鼠或野猫是罪魁祸首的人，则往往会觉得惋惜和懊恼："该死的老鼠（猫）！这只花瓶可不便宜，我还得去清扫。唉，看完这节再说吧"；认为家人已回来的人，大概只会惋惜花瓶，倒不必懊恼自己还要清理残局了。

　　这个小小的测试，说明了很重要的一个现象：人有所念，始有所感，方有所为！简言之，一件事发生后，是我们对它的解释（即是有所"念"）决定了我们的"感受"，而后引发我们的"行为"。但是，日常生活中许多事情其实是暧昧不明的（如上述的花瓶事件），每个人的解读也不尽相同。而换一种解释，便换了一种心情，也可能换了一种行为模式，这简直是易如反掌的！

其实，生活中诸多的"烦恼事件"、"压力事件"、"挫折事件"不也正同此理吗？事件是人界定的，只有一念之差，你可以解放自己，所需的只是换一种思考方式而已。

当然，遵循了以上的八大原则，并不能保证一切问题都能迎刃而解，但至少是有效情绪管理的第一步，有志者事竟成。

结论 学习倾听，放下偏执

国内经理人在职场上最需要注意的情绪管理与沟通技巧，莫过于"学习倾听，放下偏执"。当主管久了，习惯发号施令，却容易忘了要停下来听听部属的感受与建言。沟通首先是一门倾听的艺术，其次才是技巧与内容的呈现。

主管们请记得，沟通分成"听"与"说"两大部分，可别忽略了"听"的功能。中文"听"字的繁体字为"聽"，包含了"耳""眼""心"，再加"口"，即是耳到、眼到、心到、口到。耐心、积极、主动地倾听对方，再诚恳、清楚地澄清疑问，那么沟通就成功一大半了。不需严词厉色，静静听，细细说，句句入心田，带人又带心的领导高手便是你了。

MBA

谈一个好价钱
价格谈判三要素与三大思路

"价格谈判"是所有谈判中最常见的类型之一。本文探讨谈判前的准备工作、谈判过程中双方你来我往的应对方式，以及谈判结束时应有的礼仪；同时提出价格谈判时应掌握的谈判底限、协议区间与盈余等三项基本要素，并理清谈判时开价先后、开价高低与让步空间等三大思路。

名师简介

李庆琦

美国宾夕法尼亚州立大学管理科学系博士，现任香港中文大学工商管理学院决策科学与企业经济系教授；研究领域主要侧重于应用"赛局理论"（game theory）分析谈判、磋商等相关议题，近年也针对行为经济学、供应链、质量管理与知识管理等进行研究；曾获香港中文大学校长模范教学奖，并多次获得工商管理学院教学奖。

谈判（negotiation）可分成两种主要类型："单议题谈判"（single-issue negotiation）与"多议题谈判"（multi-issue negotiation）。"单议题谈判"指的是，只牵涉单一个议题的谈判（例如最常见的价格谈判），而"多议题谈判"则是牵涉一个以上议题的谈判（例如复杂的国际经贸谈判）。

任何谈判的主要任务不外乎为"分配"与"整合"。"分配"指的是如何分配经由谈判所创造出的盈余（谈判大饼），而单议题谈判通常仅涉及分配问题；"整合"指的是谈判者试图整合彼此利益，将谈判的饼做大获得双赢，通常在多议题谈判中较为常见。

本文主要重点在于探讨单议题谈判中的"价格谈判"（price negotiation），包括谈判前的准备工作、谈判时应不应该先开价、如何开价与让步的技巧等议题。

谈判前的准备

掌握谈判三要素：底限、协议区间、盈余

在进行价格谈判的准备工作前，必须先了解构成价格谈判的三个基本要素：谈判者的底限、协议区间与盈余（见图 7-1）。就买卖双方的价格谈判而言，买方的底限是其所愿意支付的最高价，而卖方的底限则为其所愿意接受的最低价。买方愿意支付的最高价高于卖方愿意接受的最低价，谈判就有可能达成协议。若介于买卖双方底价间的所有可能价格，便是谈判的"协议区间"，而且只要就协议区间内的任一价格达成协议，双方都是有利可图的。至于"盈余"则是成交价（达成的协议）与底价间的差价。

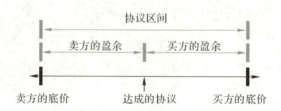

图 7-1　检查谈判三要素，备妥替代方案再上场

从图 7-1 可看出，谈判前的准备工作不外乎为：确定自己的底限、估计对方的底限与设定目标。

1. 确定自己的底限：事先寻找最佳替代方案

谈判者的底限取决于一旦谈判破裂时的最佳替代方案，因此，谈判前的第一个准备工作就是寻找替代方案。然而，大部分谈判者却常忽略这项增加谈判筹码的关键，加上一般人误以为谈判主要是依靠在谈判桌上展现良好的沟通技巧来说服对手，因而完全忽略了真正影响谈判结果的最重要因素——谈判筹码。没有好的谈判筹码，再好的沟通、说服技巧也没有用，因为谈判是一种实力的对抗。

比如说，在某一场谈判中，如果你是唯一的买家，有很多卖家可选择（替代方案很多），根本不必依靠谈判技巧就可取得便宜的好价钱；反过来说，如果你是唯一的卖家，有很多人想买你的东西时，自然可以轻易地卖到好价钱。所以，谈判前一定要事先找好替代方案，并以最佳方案来确定自己的底限。没有准备好替代方案就直接上谈判桌，很难谈到好结果，尤其是当对手知道你没有其他替代方案时，就更只能任其宰割。著名发明家、外交家本杰明·富兰克林（Benjamin Franklin）曾说过"非买不可的东西，你绝对谈不到好价钱"，就是这个道理。

在尚未确定"最佳替代方案"就开始谈判，将会带来不可预料的后果。首先，你可能会对谈判破裂时所能找到的替代方案作不切实际、过度乐观的估计。其次，对手将有机会操纵你的底限。比方说，当你喜欢某项产品并准备购买、却不知道行情时，心里可能会想："只要价钱不超过 100 元，我倒不介意买下来。"于是你和老板间便有可能出现以下的对话：

你："老板，这个东西卖多少钱？"

老板:"喜欢吗? 给你便宜一点,打个 8 折,1000 元就好。"

你(感到很意外,但实在喜欢这个东西,不想掉头就走):"嗯……300 元怎么样?"

这不是很可笑吗? 原先你只想用最多 100 元买下这项产品,却只因为老板开了一个远高于 100 元的价格,便当场出价 300 元,高于原先愿意付出的最高价。这完全是因为缺乏替代方案(在别的地方用多少钱可买到同样产品并不知情)所造成的,于是精明的老板便有机会痛宰你。

此外,你有可能会接受一个比其他替代方案差的协议,例如,在买完东西后,才发觉同样的东西在别的地方卖得更便宜;你也有可能拒绝一个比所有其他替代方案都要好的协议,例如拒绝接受某个价格而离开谈判桌后,才发现其他地方卖得更贵。

2. 估计对手的底限:搜集信息、计算价格"区间"

想要正确估计对手的底限,必须事先搜集信息,并避免采用单一数字来估计。实际进行时,可采用一个"区间"来估计对手的底限。比方说,保守地估计对方的底价在"100~120 元",而不是过度乐观地估计为"110元"。不过,就算估计区间也不见得容易,特别是在信息不足、大部分的人对自己的估计过度自信的情况下,所作出的区间估计往往误差很大。因此,谈判前的情报搜集就显得相当重要,否则就没有办法正确估计对手的底限。

3. 设定目标:找出一个有点难度、可达成的目标价

一旦确定了自己的底价,也估计了对手的底价,"协议区间"(或称为

"模糊区间")就会浮现出来。谈判者便必须在模糊区间中找出一个目标价,作为谈判时追求的目标,并成为谈判中所能得到成果的上限。因此,在谈判开始前,必须先自问:"我是否应该设定一个高难度、具有挑战性的目标,以促使我争取较佳的结果? 设定高难度的目标会增加谈判破裂的风险吗? 还是只要设定一个难度相对较低的目标,以确保顺利达成协议?"没有设定好清楚目标的谈判者,就不太可能得到原先没准备要达成的结果。

此外,在设定目标时,心理上千万别受到谈判底限的影响。许多谈判者在设定目标时,往往习惯将自己的底价乘上某个基数,比方说"成本是100元,希望有30%的利润,所以目标价是130元"。这并不是一个正确的做法,因为你无法得知这样的目标价是否在协议区间内;而且就算在区间内,也可能由于太接近自己的底价,而成为一个太低的目标,因此目标的设定应以你所估计的谈判区间为准。

一个好的目标,最好能够既有点难度,又有可能达成——除了要能靠近对手的底限外(见图7-2),也必须要有客观的证据,说明所设定的目标合理且有可能达成。

图 7-2　估计买方底价区间,设定目标价

谈判中的应对
理清议价三思路：开价先后、开价高低、让步空间

准备好上述谈判前的准备工作后，就可进行谈判。在谈判过程中，影响谈判结果的因素众多，在此仅列出常见的三个思路进行探讨，包括先开价还是后开价、如何开价与让步的技巧。

1. 谁先谁后：先开价左右对手判断

在 EMBA（高级管理人员工商管理硕士）、中高级经理培训班授课时，笔者常询问学员："谈判时，习惯先开价还是后开价？"得到的反应相当一致，大部分学员都不喜欢先开价；少部分在谈判时先开价的学员，则几乎都是谈判中的卖方。一般而言，他们不先开价的原因可归纳成：不愿意显示出急着达成协议的模样；不清楚对手的底限（可能因为准备不足），怕开错价吃大亏。

不过，其实这些原因都不是谈判时谁先开价的主要考虑因素。

谈判时到底应不应该先开价？如果答案是"不一定"的话，那么什么时候应该先开价、什么时候又不应该先开价？在讨论这个问题前，不妨花点时间回答下列两个问题。

【问题1】

1. 你认为美国俄克拉何马州（Oklahoma）的人口总数是多于500万，还是少于500万？

☐ 多于500万人　　☐ 少于500万人（请勾选一个）

2. 请估计美国俄克拉何马州的人口总数：＿＿＿＿＿＿＿＿＿。

笔者对第一题的答案不感兴趣，比较感兴趣的是第二题的答案。如果你和笔者大部分的EMBA学生一样的话，那么你所估计的答案应该会在"500万人"左右。是不是如此？事实上，当我在课堂上做这个练习时，会把上述的问题设计成两个不同版本，有一半的学生会拿到【问题1】的版本，而另一半的学生则拿到【问题2】的版本。

【问题2】

1. 你认为美国俄克拉何马州的人口总数是多于1000万，还是少于1000万？

☐ 多于1000万人　　☐ 少于1000万人（请勾选一个）

2. 请估计美国俄克拉何马州的人口总数：＿＿＿＿＿＿＿＿＿。

两个版本间的差别相当明显，【问题1】给的参考数字是"500万人"，而【问题2】则是"1000万人"。有趣的现象是，拿到【问题1】版本的学生，第二题的答案都集中在"500万人"左右，而拿到【问题2】版本的学生，第二题的答案则集中在"1000万人"左右。对俄克拉何马州越不熟悉的学生,这种现象就越明显。①

为什么会这样呢？心理学上著名的"锚定效应"(anchoring effect)指出,当人们在估计不确定数值时,常会在某个起始值的基础上,作出适度的调整以得出最后的估计值。而起始值往往是从现有信息中得来(如上述的"500 万人"与"1000 万人"),尽管该信息可能与估计的事物无关,但这时一个任意给定的起始值,往往会对人们的估计值造成重大的影响。

一般而言,当人们对所估计的东西越不熟悉时,锚定效应就越强。但这并不代表当我们试图对一个较熟悉的东西作判断时,就可免于受锚定效应的影响,因为就算是专家(例如专业地产代理、会计师等)在对其专业领域内的事作判断时,也难免受到锚定效应的影响。

通过对锚定效应的观察可知,若谈判者事前准备充分,并对对手的底价与谈判区间估计精准,那么谈判时不妨大胆地先开价。这是因为第一个出现在谈判桌上的价格,通常具有强烈的锚定效应,往往可以有效左右对手的判断,特别是在对手准备不足、对信息掌握不够充分时,效果最为显著。

以下这个故事便说明了如何通过先开价,设定一个强而有力的起始值,进而掌握谈判主动权,得到意想不到的结果。

　　1912 年,美国总统大选前夕,前总统老罗斯福 (Theodore Roosevelt)竞选团队发现已经印好的 300 万张竞选海报中,使用了一张某位摄影师拍的老罗斯福总统肖像,但他们忘了事先向该摄影

---

① 　根据统计,俄克拉何马州 2009 年总人数约为 371.4 万。

师取得肖像使用权。根据当时的版权法,摄影师最多有权要求索取每张1美元的肖像使用费。竞选团队当然付不出300万美元,加上时间紧迫,也不可能重印,只好设法和该摄影师谈判,试图降低损失。

该怎么谈?要怎么开价呢?聪明的竞选团队经理发给摄影师一封电报:"我们准备印制有(老罗斯福总统)肖像的竞选海报,这是提高摄影师知名度的大好机会。您愿意出多少钱让我们使用您拍的照片呢?请即刻回复。"过没多久,该名摄影师回复:"感谢您给我这个机会,但我只付得起250美元。"

由于竞选团队经理采取主动、先出价,而开出的价格又是负的(不但不付钱,还要对方付钱),使得摄影师的判断受到第一个开价的锚定效应影响,而认为他应该付钱给对方。若竞选团队经理当时没有先开价,而是向摄影师说:"我们想用您拍的肖像,让我们谈谈使用版税。"结果将会完全不同。

反之,若是事前准备不够充分,先开价的风险就很大,因为有可能开出太好的价格给对手,而使得自己最后的获利减少。比方说,柯达相纸发明人利奥·贝克兰德(Leo Baekeland)在1899年以100万美元将其发明卖给柯达公司,其实贝克兰德原本只想开价5万美元,并准备在必要时降价到25000美元。很幸运地,柯达公司先开了价。

总结来说,在谈判前做足充分准备,将对手的底限进行合理、精确的估计后,就可大胆地先开价。同时,在谈判前不妨先自问,有没有信心先开价?如果没有信心的话,就代表谈判准备工作不足,此时就应慎重考虑是否还要进行谈判。

若是因为时间或其他因素导致谈判前准备不足,信息不够充分,而无法就对手的底价作出正确的估计时,则应让对手先开价,因为对手也有可能犯错,不小心开出一个对我方有利的价格。一旦对手先开价,就应尽快还价,不仅可冲淡锚定效应的影响,也可展现谈判的诚意。

2. 开价诀窍:选择强硬但不极端的价位

决定先开价后,接着是设定一个有利的价位。依据开出来的价位相对于协议区间的位置(从卖方的观点来看),可将开价分成三种类型,分别是温和开价、强硬开价与极端开价(见图 7-3)。

图 7-3　找出相对强硬但不极端的价位

在图 7-3 中,中间长方形方块代表卖方所估计买方底价的区间,方块的左端是估计买方底价的最低值,右端则是估计的最高值。假设这个估计是合理的,那么"温和开价"就完全位于协议区间内,是买方可以接受的价格;而"强硬开价"则有可能位于协议区间内或协议区间外,取决于买方的真正底价是高于或低于该价格;至于"极端开价"则是完全位于协议区间外,是买方绝对不可能接受的价格。

谈判时,不论是温和开价或极端开价,都不是最佳的选择,因为选择温和开价的谈判者,等于将协议区间往对自己不利的方向压缩,而最后的协议只会比它差,绝不会比它好;选择极端开价的谈判者,则有可能因为价格过高而让对手感觉你没有诚意,甚至激怒对手,就算幸运地以一个极端的价格成交,对手在事后发现时的后遗症将会很大(例如不再和你打交道)。

因此,选择一个相对强硬但不是太极端的价格,就成为谈判开价时最好的选择。强硬开价由于位于对方底价的模糊区间内,所以不是完全不可能为对方所接受,同时也比较不会激怒对方、自我压缩协议区间。前美国国务卿亨利·基辛格(Henry Kissinger)说过:"如果谈判最后达成的协议,总是介于双方最初开出的两个价码之间,我看不出有任何理由在开价时开一个温和的价格。开一个远比自己所愿意接受的价格高得多或低得多的价格,才是好的谈判技巧。一开始的立场越强硬,越容易让对手将你想要得到的结果视为一种让步。"

但倘若对方先开了一个极端价位时,你也应保持冷静,不要因此而重估对手或自己的底价,因为对手可能只是试图操控你。这时不妨保持沉默或微笑,让对手因为摸不清你的意图而感到紧张,同时也可要求对方解释如此开价的原因。但是,千万别给对手太多时间,以免增加受到锚定效应影响的风险。

若是对方一开始就开出令人满意的价位时,这时,一方面要控制自己不动声色(别高兴得跳起来),另一方面也不要马上接受对方的价位,最好继续谈判还故意还个价(不要还太多,因为拖太久很危险),以争取更好的结果,同时也别让对手有不舒服的感觉。设身处地地想,若你的第一个开价,对手二话不说就接受了,你会有什么感觉?是不是会觉得很不舒服,怀疑自己是不是开错了价,否则对方怎么会那么干脆就接受?

3. 让步技巧:逐步缩小让步空间,暗示底限

让步必须是深思熟虑后的行动。每作一次让步,就算对手未必会马

上接受，也要让对手感受到一旦你出的价格被拒绝，让步的阻力就会越来越大。根据这项基本原则，好的让步模式必须遵守以下三个原则：

第一，让步幅度越来越小。比如说，下列两种让步模式："100－100－100"与"150－100－50"（数字代表让步的金额），两者都同样一共让了300元，但前者是每次让100元，而后者的让步金额则是越来越小，两者的差别在于，前者无法让对手感受到让步的底限，因此就不是一个好的让步模式。

面对第一种让步模式时，你的对手可能会这么想："既然前三次都各让了100元，下次应该还能再让100元吧？"但后者就不同了，由于你每次让的金额越来越少，你的对手可能会想："第一次让150元，接着只让100元，再接着又只让50元。看来下次他最多只能让25元，或甚至更少。"第二种让步模式可以有效地向对手暗示你的让步底限。

第二，出价精准度应越来越高。让步初期你可能不太在乎数字后面的零头，但越到后来就越斤斤计较。既然让步的幅度越来越小，对零头也自然就会越来越计较。

第三，每多让一次步，思考的时间就越长。就算你未必真的需要很长的时间思考，也不要太快就作出新的让步，故意拖延时间，让对手觉得你的让步空间已经越来越小了（所以你需要多些时间思考）。

结论 谈判不成，也应顾及双方关系

谈判是一个通过折中、沟通达成双方互利的过程，就算是价格谈判般对抗性质很强的"零和谈判"（你多赚一块钱，我就少赚一块钱），也需要双方的合作。因为，若双方无法合作、达成协议，就无法创造盈余。所以，谈判双方在谈判时，应保持和谐的气氛，不要轻易地作出任何有可能导致对抗的举动；谈判结束时，也别忘了称赞对手的表现。

无论是什么谈判，都应让对手在完成交易后，带着尊严、幽默和一个好结果满足地离开。就算谈判未能达成协议，也不应口出恶言或作出任何可能损害双方关系的举动，才能为双方日后合作提供更好的契机。

MBA

新竞争战略

动态竞争战略初探

经理人所熟悉的竞争战略,如五力分析、SWOT分析、波士顿矩阵等,多是从产业和经济架构出发的静态分析,难以适应瞬息万变的市场竞争实况。动态竞争是战略分析的新典范,本文是关于动态竞争战略的第一堂课,不容错过。

名师简介

陈明哲

现任美国弗吉尼亚大学达顿商学院讲座教授、世界顶级学术刊物《管理评论》副总编、香港中文大学资深研究员与英国帝国理工学院客座教授,是全球著名企业竞争战略专家、华人企业战略研究权威。陈教授曾任国际管理学会总会战略管理部主席,1988 年在马里兰大学取得工商管理硕士(MBA)与博士学位,先后任教哥伦比亚大学商学院和宾夕法尼亚大学沃顿商学院,其研究、教学及咨询范围横越欧、美、亚三洲;著有《动态竞争策略探微:理论、实证与应用》等书。

发展背景与缘起

一直以来,经理人所熟悉的竞争战略理论,如迈克尔·波特(Michael Porter)的五力分析、SWOT 分析、波士顿矩阵(BCG Matrix)等,多是从产业和经济的架构出发,进行宏观与静态的分析,难以适应瞬息万变的市场竞争状况。而赛局理论则假设参与游戏者是理性的,然而在现实情况中,厮杀激烈的竞争者却不见得都是理性的。

这些就是促成动态竞争战略发展的背后因素,其相关研究已有十余年。本文是以行动为中心,从微观的角度,观察两家相互竞争的公司的互动关系,并预测对手的反应与攻击行动,进而采取行动与响应。

自 1980 年波特提出竞争战略以来,战略管理议题快速发展,至今已形成三大理论,除了"资源基础理论"和"高阶理论"之外,第三个重要理论便是"动态竞争理论"。动态竞争有两个基本前提:第一,研究竞争对手的行动与反应(action-response),以对企业彼此竞争的情形,有最佳的了解与管理。第二,以双边比较的方式来分析竞争对手,可预测企业如何对竞争对手采取行动或作出响应。

这种双边或双向式的方法,不但可以达成焦点分析、补充波特的传统产业结构及其延伸的战略群组理论,还可以扩展经理人对于最基本的竞争行为的理解和管理。

动态竞争理论的四大分析步骤

　　动态竞争理论的建构基石或研究基础，就是企业之间的相互竞争，亦即企业在竞争时所采取的行动和对手的反应。图 8-1 即是根据动态竞争理论研究的基本概念绘制而成，目的在于借由竞争分析，培养整体的战略观。

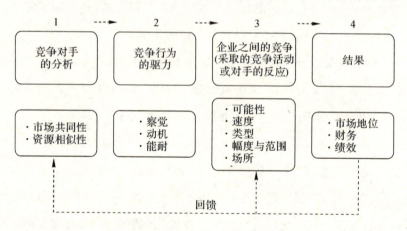

图 8-1　动态竞争的基本架构

　　1.经由市场及资源等面向，进行企业竞争对手的双边比较分析（可用来辨识竞争关系之间不同的紧绷程度）。

　　2.分析企业相互竞争时所衍生的三种行为驱力：察觉（awareness）、动机（motivation）与耐力（capability），简称 AMC。

3.分析企业之间的相互竞争,或是对手之间彼此竞争的行为及作出的反应。

4.根据市场及财务等数据来分析竞争结果。

上述四种分析基本上就是在研究企业之间的相互竞争(采取的行动或作出的反应),也是动态竞争的研究基础。

◎ **案例解析**

如何进行动态竞争分析?

以宏达电(HTC)和苹果(Apple)为例,进行动态竞争分析时,首先要确认自己是发动攻击者或反应防御者。

(1)当苹果推出 iPhone 之后,宏达电处于防御者的角色,所以必须先了解 iPhone 这项产品的攻击行动和意义是什么;

(2)研究在 iPhone 推出之后,还有哪些厂商会有所反应;

(3)这些可能会有所响应的厂商,反应的速度和能力如何?

(4)未来竞争对手的响应和可能发展,将对公司有何影响?

(5)公司(宏达电)若打算有所响应,该采取哪些行动? 选在什么时间点响应是最好的?

(6)公司应作出哪些响应,才能将 iPhone 对公司的影响力或杀伤力减到最低?

(7)分析公司的响应动作,可能会再引发哪些厂商进一步作出响应? (在此可运用竞争行为的三股驱力来分析,亦即有哪些厂商会"察觉"? 他们的"动机"和响应"能耐"又是如何?)

上述过程可循环运用,以拟定各项最佳战略作为。

企业间彼此竞争的对偶关系

　　将竞争解析为"竞争活动—对手反应双向式"（action-response dyad）是必要的，因为在竞争行为发生时，竞争者会拟定战略、试探对手的毅力与能力，并且采取捍卫自身名誉及显示本身实力的行动。

　　简单来说，由于所有的竞争行为最终都会激起对手的反应，所以"竞争活动—对手反应双向式"可说是动态竞争的建构基础。当然，如果市场上形成了三足鼎立的态势，也可通过两两分析，再推论出整体情势的发展。

　　企业都相当重视战略的应用，以提升自身的竞争力，而通常会以直接冲击消费者的"市场行为"或是足以影响公司实力和运作的"内部活动"，来拟定相关的战术并执行战略。"市场行为"包括开辟新的区域市场、收购、价格变动及新产品上市等；而"内部活动"则包括研究与开发、全球资源搜寻、新的组织架构等。

　　实证研究发现，企业经由竞争行动所获得的优势，会随着时间及对手的反应而消失；也就是说，竞争优势会随着时间逐渐减少。比方说，当某公司成功推出一项新产品时，对手就会随之推出类似的产品；同样的，若某公司率先降低价格，其他公司也会跟进，甚至降得更多。我们可以用

图 8-2来解释企业竞争活动与时间及经济收益的关系。

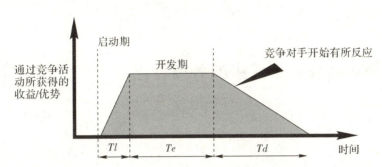

图 8-2　企业竞争活动与时间及经济收益的关系

一项竞争活动的生命周期包括三个阶段：

1.启动期(Tl)：即开始发起竞争活动的时期；

2.开发期(Te)：即竞争活动已然确立，并且开始产生经济收益；

3.下降期(Td)：即竞争对手的反应行为已开始削弱最初的收益。

由图 8-2 可看出，一家发动竞争攻击的公司，经由竞争活动所能获致收益的多寡，取决于该公司是否有能力将开发期(Te)的时间尽可能延长。要注意的是，就算通过竞争行动所取得的报酬与优势开始走下坡，还是可以获得正收益。因此，图中的整个不规则四边形（梯形），就是经由竞争活动所产生经济收益的区域。

对经理人而言，关键在于确定并了解竞争活动及对手反应的各项特点，以便能够从攻击者和防卫者的角色制定出更好的战略，来与对方交手。

竞争活动与对手反应的各项特点

　　针对各式各样的竞争活动进行研究,可以让我们预测对手反应行为的各项特点,其中尤以反应的可能性和速度最为关键。分析竞争对手的反应是非常重要的,因为如图 8-2 所示,若是竞争对手反应的可能性和速度降低,则攻击者就可以从其最初所采取的竞争行动中,获得最大的收益。

　　事实上,动态竞争研究的前提之一,竞争活动和对手反应都是可以被分析的,而且通常有如下特点:

　　1. 可能性(likelihood):企业发起攻击行动的可能性,或是竞争对手展开反击的可能性。

　　2. 速度(speed):竞争活动或对手反应的时机(这是以宣告的速度和执行的速度而论,稍后再详述)。

　　3. 类型(type):竞争活动或对手反应可区分为策略性或战略性,也可大致分为六种类型——定价、营销、新品上市、产能及规模相关的行动类型、服务与营运变更、释出信息。

　　4. 幅度(magnitude):降价的百分比、增加的广告支出或是与竞争活动或对手反应有关的产品数量。

5.范围(scope)：与竞争活动或对手反应有关的产品线数量或区域市场。

6.场所(location)：竞争活动或对手反应锁定的目标市场。要特别强调的是，对手的反应是否也与竞争活动发生在相同的市场里，或是对手会另选市场进行反击。

从许多例子可知，竞争活动和对手反应对于动态竞争分析及竞争行为模式，的确具有无法估计的意义。让我们利用"竞争活动—对手反应模式"的一项重要特性——时机(或速度)——来作更深一层的探讨。

由图 8-3 可以看出，A 公司选在 a_1 这个时间点上宣告其有意采取的行动，并在 a_2 开始执行其市场活动(如降价等)。B 公司则是在察觉到此活动可能会对自己构成威胁之后，于时间点 b_1 宣告其将在 b_2 展开反击行动。

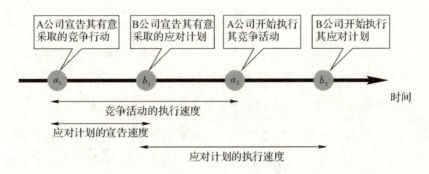

图 8-3　竞争活动与对手反应速度的图解说明

从 a_1 到 a_2(或 b_1 到 b_2)这段时间，可显示出 A 公司的竞争活动(或 B 公司的应对计划)的执行速度，而 a_1 到 b_1 这段时间则显示出 B 公司应对计划的宣告速度。

在实际的商业竞争中，a_1、a_2、b_1、b_2 这些时间点的配置与顺序，远比

图 8-3 所示要复杂得多,例如,B 公司可选在时间点 b_2 直接迎战 A 公司,无须有预先宣告的动作(即 $b_1 = b_2$)。

在分析竞争活动与对手反应中,a_1、a_2、b_1、b_2 这四个时间点均是经理人在规划竞争行动时所应考虑的战略参数。举例来说,发动攻击行动的公司可能会想尽量缩短 a_1 到 a_2 这段时间,以便达成最大的市场震撼效果;但是在其他情况下,尽量延长 a_1 到 a_2 这段时间,也可能会对发动攻击行动的公司有利。

例如,微软会在 18 个月前就预告某项新产品即将上市,目的在于针对竞争对手的产品抢得先机;而航空公司也会在 2 个月前即宣告要涨价,目的就是希望竞争对手可以起而效法。

◎**案例解析**

吉列(Gillette)在 1990 年 1 月 28 日(也就是美式足球总决赛"超级星期日"当天)于 17 个国家正式推出"感应"(Sensor)剃须刀。为了发展这项产品,吉列已投入 2.7 亿美元的研发费用及 1.75 亿美元的营销经费,而感应系列的售价亦较其 Atra 系列高出 25%。

就感应系列产品上市的时机、幅度及范围而言,都是可以计量且具重要意义的。而且从竞争的角度来看,吉列的营销技巧,以及感应剃须刀本身具有的技术优势,可说已取得了成功。

在吉列感应剃须刀上市约 8 个月后,舒适牌(Schick)推出了 Tracer 剃须刀,但这是针对吉列的 Atra 系列的一种间接反应行动。另一个竞争对手 BIC(以生产抛弃式剃须刀为主)则未采取任何反击行动,因为该公司尚未察觉到,吉列的感应剃须刀将对其抛弃式产品构成威胁。

感应系列可说是非常成功的产品,因此当吉列于 1998 年推出锋速 3(Mach 3)剃须刀时,基本上就是延续感应系列产品将近 10 年前的上市模式。

竞争对手分析:察觉—动机—能力(AMC)透视法

由图 8-2 可以看出,竞争活动的最终效果,大多取决于这个活动能否立于不败之地,或者是否可以延缓对手的反应时间,因为公司的竞争活动若是可以防止或延缓对手的反应行动,则该公司就可从中获得最大的收益。任何(发动攻击的)经理人都要设法预测,对手在受到竞争活动直接或间接影响时,会采取什么样的应对行动(或不采取行动)。

预测对手反应的重点之一,就是必须了解竞争活动将如何影响对手公司的内部运作,而"察觉—动机—能力"(AMC)透视法,即可针对企业内部运作的三项关键要素,进行完整的解析。

察觉(awareness)是指站在防御地位的公司,已经知觉到对手所采取的竞争活动或攻击,以及其与发动攻击公司的关系;动机(motivation)是指驱使居于防御地位的公司作出反击决定的推力;能力(capability)则是指防御这一方的资源调度及决策过程，均支持公司采取反击行动和发动攻击。

换言之，除非你的竞争对手已经察觉到你的行动或意图，而且确实有反击的动机和能力，否则你的竞争对手是不会采取竞争响应的。企业的策略性任务是尽可能地把竞争对手的注意力降到最低，并且尽可能地降低竞争对手的反击动机。如果这两者均不可能，企业就必须对竞争对手的反击有所准备，并且有能力去防御。

企业在作出任何决策时，都要去思考"反应障碍"，也就是能够防止对手采取竞争响应的战略或组织因素。最理想的情况是，你要能够利用破坏性的技术、新产品或程序，无视你的直接竞争对手，从本质上改变竞争规则。AMC 透视法便是借着联结公司之间的竞争关系，以及分析两家公司是如何在最基本的层面上互相竞争，就对手反击活动的各项障碍提供深入的解析。

进行竞争者分析的目的，就是要预测对手的未来动作。原则上，对手响应的时间越晚越好，而且最好是不响应，但是如果我们能够预测到最终的竞争结果是失败收场，就可以不采取任何作为，以避免无谓的战争。

以明基（BenQ）在移动通信市场扩充竞争为例，并购西门子（Siemens）手机部门是不是该公司必要的作为？从市场共同性和资源相似性来分析（见图 8-4），明基与西门子两家公司之间的资源没有互补性，彼此的文化差异又太大，西门子期望借助明基在亚洲的市场优势也达不成，所以这项并购活动并不理想。

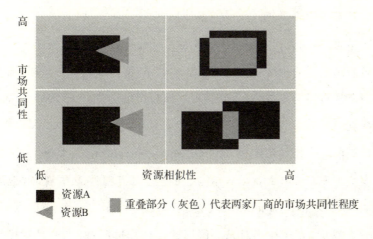

图 8-4　竞争者分析模式

不对称的竞争

在此要强调，当某个竞争对手发起响应行动时，经理人不应假设这项行动会对所有对手的"察觉—动机—能耐"三要素，都发挥相同的影响力。在商业竞争中，不对称的竞争相当普遍，意指两家相互竞争的公司对于彼此在市场上的关系及互动，可能会抱持不同的看法。

以"察觉"这项竞争行为的驱力来说，两家竞争的公司不太可能会采用同样的方式，来知觉对方的每一项竞争活动或彼此的关系，因为不同的公司对于市场的展望,可能会持有不同的见解。

同样的,不同公司对于组织架构的看法也会有所差异,两家相互竞争的公司会以不同的角度看待竞争情势和关系,所以在进行分析时,应考虑将哪一家公司视为焦点公司,并且根据该公司来进行分析,简单来说就是 $d(a,b)\neq d(b,a)$。

几年前,太阳微系统公司(Sun Microsystems)创办人兼 CEO 斯科特·麦克尼利(Scott McNealy)在被问到公司有哪些竞争者时,他列出了迪吉多(Digital Equipment)、惠普(HP)和 IBM,却未提及安迅(NCR)。然而,安迅在当时是美国第五大计算机制造商,而且规模是太阳微系统公司的两倍。何以如此?麦克尼利回答说:"我们不曾看到他们。"

不对称的竞争存在于"察觉—动机—能耐"的每一项要素中,与企业对于竞争对手所发动的攻击行动的察觉力、要反击的动机有多强烈,以及是否有能力反击等因素都有很大的关系。动态竞争的入门课程先讲解至此,有关动态竞争之设计架构观点,从图 8-5 中可以完整看到动态竞争的复杂、不稳定与交互作用。

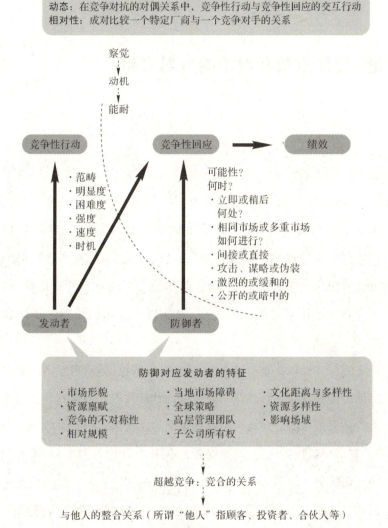

竞争：动态与相对性的概念
动态：在竞争对抗的对偶关系中，竞争性行动与竞争性回应的交互行动
相对性：成对比较一个特定厂商与一个竞争对手的关系

察觉
动机
能耐

竞争性行动　　竞争性回应　　绩效

·范畴
·明显度
·困难度
·强度
·速度
·时机

可能性？
何时？
·立即或稍后
何处？
·相同市场或多重市场
如何进行？
·间接或直接
·攻击、谋略或伪装
·激烈的或缓和的
·公开的或暗中的

发动者　　防御者

防御对应发动者的特征
·市场形貌　　　·当地市场障碍　　·文化距离与多样性
·资源禀赋　　　·全球策略　　　　·资源多样性
·竞争的不对称性　·高层管理团队　　·影响场域
·相对规模　　　·子公司所有权

超越竞争：竞合的关系

与他人的整合关系（所谓"他人"指顾客、投资者、合伙人等）

图 8-5　动态竞争的设计架构观点

注:以上的图示呈现出复杂、不稳定且具有交互作用的动态竞争观点。

结论　将焦点放在对手的应对之道

竞争并不是坏事,对公司或经理人而言,都是进步的动力,国内手机企业的激烈竞争,便是一种良性的循环。

由于竞争是双向的(竞争对手会以各式各样的竞争活动互相交手),所以经理人应以"竞争活动—对手反应模式"来分析竞争活动。借由此方式来思考竞争模式,并且通过此架构来预测对手的反击行动,将有助于经理人善用竞争的动态本质,以在进攻或防御行动中确保有所收益。

企业的竞争优势并非永远存在,随着时间的流逝,最初发动的竞争攻势所产生的优势,将会因为对手有所反击而减弱,因此将焦点放在对手的应对之道是很重要的。成功的企业总是能够比竞争者抢先采取一系列行动,由此获得暂时性的优势;而暂时性的优势在日积月累之后,将可产生持久的竞争优势。

以联想(Lenovo)并购 IBM 的 PC 部门为例,通过动态竞争分析来看,联想理应事先预测到宏碁(Acer)将会有后续行动,因而率先与捷威(Gateway)进行战略联盟,或是发起阻止宏碁收购捷威的动作,但是联想却眼睁睁看着宏碁收购捷威,并且成为欧洲 PC 制造大厂 Parkard Bell(Gateway 有优先购买权）的最大股东。

全球化市场竞争日趋激烈，潮起潮落随时都有变化，"一家公司再强，也强不过它最弱的一环"，这就是经理人的机会。

MBA

打造生产控制模式

提高订单准交率

订单准交率是反映企业经营效果好与坏的重要指标。准交率低不但会造成企业客户资源逐渐流失,甚至有可能将企业逼入生死存亡的境地。随着客户要求的日趋个性化,少批量、多批次、交货周期尽可能短,势必成为未来订单发展的特点。

名师简介

曾 伟

中山大学中外管理研究中心 EMBA 教授,东京大学访问学者、中日中小企业比较研究专家,广东欧博企业管理研究所所长;独创的"中国式精益管理——三九控制法"是对中小私企管理落后状况的全面改革,可帮助企业有效增强控制力和提升凝聚力;著有《领导管人流程管事》、《管理是项"笨"功夫》、《中小企业生产状况调查报告》等图书。

现代企业的竞争是品质、成本、速度和服务的竞争,企业传统的粗放式管理模式,以及现有管理人员的素质,已经很难满足市场发展的要求。很多企业因为内部管理的失范,造成生产跟不上市场供应链运行的要求,订单无法按客户要求准时交付,以致产生客户报怨甚至投诉,影响客户对于企业的信任度。

订单准交率是反映企业经营效果好与坏的重要指标。准交率低,不但会造成企业客户资源的逐渐流失,也可能将企业逼入生死存亡的境地。随着客户要求的日趋个性化,少批量、多批次、交货周期尽可能短,势必成为未来订单发展的特点。

打造 PMC 部,让生产计划按表操课

欲解决此一难题,首要原则就是:一切的工作要按计划生产、服从生产安排。而要做到这一点,就必须形成企业的控制体系,才能使控制真正起到作用。

综观制造业生产运作流程,与订单准交率联系最密切的企业内部环节,是被称为"生产调度总指挥"的部门——PMC 部(production material control,生产计划部)。一般来说,业务人员接到客户订单后,第一个对口部门便是 PMC 部(当然,这需要企业具备一定的规模),因此,打造 PMC 系统是企业提升订单准交率的重要基础。

从图 9-1 可以看到,营销部将新订单转换后,订单信息直接流向 PMC 部,由 PMC 部进行产销协调、订单评审等动作,这正是确保订单准交率的第一步。

1. 优化客户和订单。在粗放式的管理模式下,业务人员如果不分析订单的整体情况,把散单或者无利可图的订单也接下来,公司利益就得不到保障。不仅是员工,客户也需要管理,业务部接到这种订单,首先应该跟客户沟通,不要把所有压力都转嫁给后面的制造部门,合理做好订单数量的"减法"。

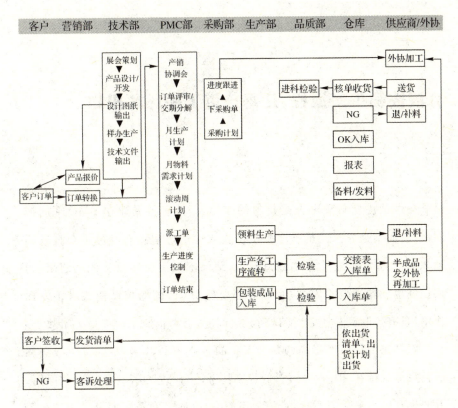

图 9-1　制造业生产运作流程

2. 控制物料采购时间及数量。物料控制对制造业很重要,大部分企业都会做物料需求计划,只是各个企业生产的东西不同,物料需求分析也不一样。大致而言,物料分析的关键在于得出物料的净需求数,以及订单的预计交期,让采购人员以此进行采购。

分段控制生产流程，让每一道工序环环相扣

在保证优质订单和充足物料的前提下，接着就要建立 PMC 部的控制模式，而不是急于动员并激励员工投入生产过程。有些员工会打着调动积极性的幌子，在工作中随意而为，结果不仅积极性没有调动起来，约束控制也没做到位。因此，企业务必要使 PMC 部的控制模式真正发挥作用，只有控制到位了，才能做到灵活调度，否则企业永远都是一团散沙。

以某家专门生产中高档办公家具的企业为例，该公司的订单准交率经常只能维持在 20％～30％，低谷期甚至还会降至 13.5％，细究其原因，并非生产能力滞后，而是生产流程不配套，仓库经常滞留大量半成品在等匹配的部件完工。

管理层为改变这一状况，决定引进 PMC 部的控制模式，并成立了变革小组，将生产计划分段。图 9-2 主要显示了该公司旗下 5 个车间的计划建立模式，PMC 部会针对每道工序安排一份工序日计划，以此来控制源头工序的生产进度，同时也会对每一道工序的完成时间进行考核和结案。日计划是一个"两头卡，中间清"的动作：两头卡是两头都要面向市场，中间清就是提高生产设施的配套性。

举例来说，木工车间设有两个控制点。首先，在加工之前，事先查看

138

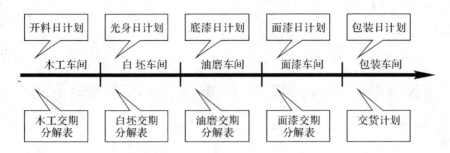

图 9-2 某家具办公企业生产流程

PMC 部下达的日计划规定,包括今日每种产品生产多少个、需要多少物料等。

其次,试装工序的尾数清点。在木工车间里,试装工序是一个产品匹配环节,相当于在出货的时候进行生产尾数清点,将之前分散在各道工序生产的零件进行组装。如果能够装起来,就说明这个产品的部件生产已经完成,可以交给下个车间。

这个过程在试装工序中,有个专门的计划控制叫"交期分解",可以直观地发现已生产的各个零件可以组装成多少件成品,以此平衡目前的工序。比方说,木工做完以后,通过试装工序便可发现哪个产品零件有"欠数",再根据欠数形成一个新的生产计划,来拉动木工的各个工序齐头并进,让产品成套地产出,避免一个生产周期下来,"桌面"产出数量远远大于其配套的"桌腿"数量的情况。

通过这样的分段控制,该家具公司的订单准交率显著上升,提高到了60%以上。

导入订单尾数清理模式，扫除最后 5％的不完美

其实对很多企业来说，在整个订单生产投产时，95％的订单都可以按时完成，剩余的 5％或者因为半成品品质异常，或者材料生产中超损耗导致欠料，或者物料遗失等原因而不能全数完成。再加上生产线管理人员对于尾数清理工作的重要性又没有充分的认识，造成在不走柜的时候，尾数就没有专人跟进清理，也没有人过问尾数清理的进度。直到营销部门安排货柜来装货时，才赫然发现订单尚未全数完成；生产部门才又急急忙忙地去找物料、清数量、重新开线，如果找不到物料，有些企业甚至会直接拿不良品充数。与此同时，因为产品数目不齐，货柜车只能在工厂内等着，致使公司额外产生了货柜等货的异常费用。

为了避免上述情况，将订单生产过程的缺失降至最低，企业可尝试以下两个做法：

1. 制订尾数清理方案。把订单生产计划从"每周"细分到"每天"，在每日小结会议时，公开各条生产拉线次日的任务，生产组组长务必明确要求次日必须清尾的订单，以及订单完成生产结案后需要清退的物料。

2. 设专职稽核人员：抽调出一名骨干人员担任专职稽核人员，负责方案执行时全程的跟进和检查。该名稽核人员必须制定每日的稽核日计

划,并参加每日攻关方案的小结会议,汇报当日的方案稽核的具体情况,将稽核过程中出现的不符合项,由责任人现场陈述原因并检讨。

建立激励机制,提高员工积极性

在企业中,所有工作都必须由人去完成,模式的打造只能解决一部分问题,人心的改变也非常重要。

许多管理者在看到员工注意力不集中、纪律性差、懒散作业时,往往会武断地认为他们素质低、能力差,不可能做出好产品;久而久之,员工也会真以为自己没能力,工作积极性不高,生产效率自然也提不上去。

其实企业做变革管理,更多的是希望员工能在变革中改变习性,最终带来业绩的提升;而要改变人的习惯,开发人的能量,首先就要从约束人的行为开始。企业应注重限制员工的随意性,规范流程、制度,让员工养成按规定做事的习惯;同时在各流程点上设立控制点,前后呼应相控,最终形成实用的管理模式。

换言之,"先让人不要有积极性,才能让人真正有积极性",这可以说是对于约束、控制的最好诠释。不过,欲有效调动员工的积极性,控制终究只是基础,管理者还应该采取激励措施,让员工有充分的觉知,才是根本的解决之道。

1. 相信员工。积极性是员工工作的内在动力。要想调动员工的积极性，首先要相信员工的自身能力足以做好任何事情，然后激发、调动员工，"让他完成从来没完成过的业绩，同时，也要让他得到从来没有拿到过的收入"。

2. 多劳多得。管理的根本目的就是如何通过激励员工，让他们能达到既定的目标。目前企业普遍存在一种"干多干少、干好干坏一个样"的心态，而激励员工就是要打破这种吃大锅饭的现状，真正体现"多劳多得"的合理机制。当然，激励并不是简单的发奖金和罚钱，无故的发奖金只会制造员工的贪念，而莫名其妙地罚钱，更只会制造员工对管理人员和企业的憎恨。

3. 实施激励要注重分段、逐步递进，同时注重频率、频次。把激励频繁地按每月、每周、每日进行，按车间、工序、机台、个人进行，或者将整个企业的总任务划分到部门、车间、工序、机台、个人。

资讯公开透明，引入良性的工资竞争

某企业包装班因员工打架，一次性离职 9 人，尽管后续补充了一部分员工，但由于生产效率低，即使是在订单淡季，包装班也经常不能完成生产任务，需要其他班组调人去支持。

然而,由于工资存在不明朗的状况,表面上是计件,但有些工序的员工并不知道计件单价是多少,认为做多做少一个样,工资的高低只是管理人员到了发工资时写一个数字而已,因此工作积极性不高,生产效率普遍偏低。

在分析造成员工积极性不高的原因后,公司管理层展开讨论,制定的应对方针如下:

1. 调整编制:由原来的整个班组集体计件,改为小组计件,2人一组。

2. 明确计件单价:根据包装的难易程度,不同系列的产品有不同的单价,在实施计件之前先找员工开会,并公布计件单价。

3. 按件计酬:每个小组在包装时,核实登记产量,并按实际产量计算当天工资。

4. 赏罚分明:每天公开前一天的产量、不良数量、不良率,并根据不良率高低进行排名。每周不良率最高且超过3%的员工要进行检讨,周不良率最低的员工则给予嘉奖。

通过此番工资改革,该企业订单准交率提升了47.8%,各车间的人均小时产量也直接提升。

由此案例可知,建立合理的工资制度,给予员工合理竞争的平台,是该公司提升员工积极性的关键。通过公布工序单价和每日即时统计员工工资,不但让员工明确知道自己今天做了多少、计算成工资是多少,更重要的是,让大家彼此知道各自拿了多少工资,无形中就产生了一种竞争的氛围。拿得少的员工,肯定心里不服气,也不甘心看着别人干同样的工作,却比自己拿得多,面子上也挂不住,所以第二天肯定会更加努力工作,去赶超其他人,这样就形成了良性的竞争机制。

另外，管理人员也可以从中掌握员工的工作动态，重点关注那些每天工资排名都是倒数几名的员工。如果问题出在管理或制度上，可以帮助员工解决以提升效率；反之，如果是员工本身工作懒散，那就要考虑是否该淘汰他们了。

结论　从细节做起，再深化管理

以下是一个关于订单流失的案例：某家制药厂准备从国外引进资金以扩大规模，并请来一个大客户来厂考察。过程中，客户因为看到工厂厂长随地吐了一口痰，便马上拒绝继续参观，并终止了与这家工厂的谈判。

细节的控制，乃是企业管理成败的关键所在，无论是安全生产和产品品质，都必须以做好最基本、最细微的面向为起点，之后再通过深化管理与提升员工素质，建立以订单信息为导向的管理模式，做到"以时间消灭空间"（减少生产场地、仓库场地的占用和浪费）、"以时间降低成本"（减少物流资金的占用和浪费），从而提高交货准时率和人均产能，达成提升企业利润的最终目的。

MBA

有效经营的双重矩阵

企业功能与目标一致,提高产出效益

企业资源错置、各部门功能不彰,是"有效经营"(effective management)最大的天敌。为了用最少的资源投入产生最大经济效益,企业应制定"销产发人财"各部门职能,依循计划、组织、用人、指导、控制等五大管理功能,兼顾做事与管人,让企业目标与功能紧紧扣连,提高总体效益。

名师简介

陈定国

　　美国密歇根大学企业管理博士,现任台湾师范大学管理学院讲座教授;曾先后担任台塑集团美国 J-M 公司副总裁,泰国正大集团公司纽约 CP (USA)公司总裁,香港正大集团总部资深执行副总裁,台湾大学工商管理学系教授、系主任、暨商学研究所所长,淡江大学管理学院院长、讲座教授等,主要著作有《有效总经理》、《现代企业管理》、《现代营销管理学》、《高阶管理:企划与决策》等。

以最少的资源投入，产出最大的经济效益，灵活运用企业"销产发人财"各部门功能，借以达成顾客满意及合理利润的"有效经营"（effective management）目标，是所有企业经理人共同追求的终极目标。

然而，日益复杂的管理环境及不同需求，常令许多经理人感到决策困惑，因而造成企业资源浪费及错置，各部门功能不彰，甚至危及企业的正常营运。面对经理人的管理困境，管理大师彼得·德鲁克在《管理的实践》（*The Practice of Management*）一书中指出，企业生存的目的，首先是对外产出经济成果；其次是雇用、培育、组织员工，发挥生产力，并建立起文化及价值体系、治理制度与权责配置；最后则是对于所处社区负起"企业社会责任"（corporate social responsibility，CSR）。而这些也是企业经理人在追求"有效经营"目标之时，不可或缺的考虑因素。

有效经营三目标：
妥善运用资源，创造企业、员工与社会三赢

一般而言，有效经营的目标可区分成"公司公目标"、"员工私目标"与"社会责任目标"等三个领域。

公司公目标指的是与企业体营运相关的所有项目，包含营业销售、营运利润、创新发展、市场占有率、员工生产力、财务资本结构、机器设备结构、技术与管理发展、社会责任等。员工私目标是与员工切身相关的各项因素，包含薪资、职位、福利、舒适度（如公司环境）、训练成长等。社会责任目标则与整体社会发展具高度关联性，包含提供就业机会、纳税、赚取外汇、技术移转、保护消费者、造福社区及大社会、节能减碳及保护地球等。

由于这三个不同领域有时难免会产生冲突（如员工私目标与公司公目标便有可能互相冲突），因此更需要企业经营者协调统合，才能有效运用公司资源，让三个领域取得协调，朝同一方向前进。

当企业能够达成"有效经营"境界时，也就能同时创造"顾客满意"（customer satisfaction）与"合理利润"（reasonable profitability）两大终极目标，支持企业的"生存"与"成长"（此为天下万物之共同目标），成为"一

流"企业。但若是只能创造顾客满意,却无法赚到合理利润(或是只能赚到合理利润,却无法创造顾客满意),企业仍旧会面临倒闭的风险。

而经营成功的企业,通常能够在品质、价格、时间、态度等四个要项上都满足顾客的需求,除了提供传统需求的物美价廉的产品外,也能在顾客最迫切需要的时间点,及时提供最好的、态度谦恭的服务。

活用企业八大资源:
评估成本与效益,投入资源、产出成果

从组织分工来看,可将企业组织分成营销、生产、研发、人资、财会等五大功能(简称为"销产发人财"),属于企业的外显及做事功能;而从管理分工来看,管理也具有五大功能,分别是计划、组织、用人、指导、控制(简称为"计组用指控"),属于企业的内隐及管人功能。

企业经理人借由掌控外显与内隐各五大功能,交叉形成"双重五指山"。企业八大"资源"就是"投入—产出模式"(input-output model)中的"成本"(见图 10-1),主管则具有使用八大资源的"权力"(authority),包含用人、用钱、交涉、做事与协调等五种权力。权力被使用得越多,就代表成本投入越多,因此员工之间若是越争权夺利,企业花费的成本就越高,利润就越低,甚至亏损,代表企业无效经营。

模式	投入(inputs)	➡ 加工(process)	➡ 产出(outputs)
1	资源投入(八种)	→ 技术加工	→ 成品产出(零件、组件、成品)
2	成本投入(有形、无形)	→ 管理加工	→ 效益利润产出(收入、利润)
3	权力使用投入(五种权力)	→ 使用加工	→ 责任义务完成

图 10-1　企业投入—产出模式

反观有效经营的做法，讲求的是一方面有效开发市场与顾客，另一方面合理有效"花费"与"节省"成本，减少权力滥用，讲求多负责、当责，杜绝成本资源有形及无形浪费。因此只要少用权力成本、多尽责任，就等于多提高产出效益(benefits)。虽然企业八大资源充斥各地，但仍属有限资源，企业必须有效利用，避免发生"有形"(指实质成本)与"无形"(指闲置不用，所产生的机会成本)的浪费。企业八大资源包含：

1. 人力(manpower resources)：人力资源是企业最珍贵的资源，可分成体力与脑力两部分，企业应秉持多用脑力、少用体力的原则，让员工自动自发地自主管理、发挥潜能，而不是沦为劳而无功的苦力。

2. 财力(money resources)：包含现金、股票、长短期借款、可转换股票公司债、应付账款与票据等。金钱是各种财货买卖的媒介物，经理人必须筹得金钱供营运使用。财力缺乏的企业，就像罹患"贫血症"一样，没有资金供应，就难以生存，遑论创造绩效；有资金却没有充分运用资金的企业，满手的资金将会变成"烂头寸"，平白浪费大好机会。

3. 物力(material resources)：原物料的来源不只限于原始材料(如原油、矿石、壳物)，还包含加工过的半成品、零件、组件，甚至是别家公司生产的成品(A 公司生产的成品是 B 公司的原物料)。因为原物料占企业成本支出的最大宗，所以应尽快周转使用，以产出更多总利润。

4. 机械力(machine resources)：指原物料经加工、制造、组合时所需的工具，包含厂房、生产线、工具母机等。当机器设备建置成本与折旧费用很高时，就属于资本密集型产业(capital intensive)；若是机器设备建置成本与折旧费用很低、人工成本很高时，就是劳力密集型产业(labor intensive)；当机器设备成本及人工成本都不高，但利润很高时，就属于技术密集型产业(technology intensive)。

5. 技术(technology resources)：指的是可提高附加价值的知识，属于无形的资源。在企业竞争过程中，不管方法简单或复杂，只要"我懂，你不懂""我会做，你不会做"，就是企业的"技术"所在。例如，许多企业常以独特发明申请专利(patent)，进而通过专利权时间保护，取得市场独占地位，这就是技术价值在发挥作用。

6. 时间(time resources)：在所有企业资源中，时间是最公平的一项因素，企业所能运用的时间长度相同(一天 24 小时)，但对于正确时机点(right time)的掌握与判断，则往往会影响企业竞争的成败。

7. 信息(information resources)：及时(in time)、正确(accurate)且充足(abundant)的信息，将有助于企业的竞争决策，是一种无形又可贵的资源。企业可通过资料搜集分析、市场调查、统计分析等方法，甚至工业谍报，预测未来市场变化与竞争行为，这是很有价值的无形资源。

8. 土地(land resources)：土地以稀有性与不可增生的特质，成为自古以来人们争夺的对象，虽然进入知识经济时代，其重要性仍不可忽视，但凡企业盖厂房、办公大楼等，都需要土地资源。

销产发人财五功能：
调整方向与步伐，统合各部门达成目标

　　企业就像有机体(organic)，和人一样具有"五官六识"(指的是眼、耳、鼻、舌、身，由大脑意识作用统合协调)，用以搜集信息，供大脑作出决策反应，以求取生存与成长。企业的"五官六识"活动功能包含：

　　1.营销(marketing)：以市场开拓为核心，提供顾客满意的产品或服务。

　　2.生产(production)：负责产品或劳务提供，支援营销前线，力求品质好、成本低、数量足、效率高。

　　3.研发(research & development)：负责产品改良与创新，开创新产品循环，使企业生生不息。

　　4.人资(human resources)：主掌人才发掘与培育，不仅要随时拥有优秀人才(募才)，还要建立合理薪酬与福利措施，安定军心(留才)，让各部门无后顾之忧。企业八大资源中，只有人力资源有灵性，会迁就其他七大资源，所以人力资源功能甚为重要。

　　5.财会(finance & accounting)：负责企业的资金与信息提供，就像人体的血液与神经系统般，只有在资金与信息通畅无阻的情况下，才能支援营销、生产、研发与人资等活动。

除了销产发人财各部门职能外,通常会由企业最高领导人(例如总经理)负责调整企业体前进的方向(direction)与步伐(speed),统合各部门作出重大决策,追求有效经营目标。

销产发人财的演变:
从生产功能独大,到以"销产协调"为核心

由于企业组织的功能深受竞争环境影响,必须顺应大环境的需求进行调适,因此从企业五大功能排序的演变(见图 10-2),也可窥见当时的环境变迁。

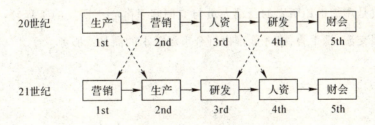

图 10-2　企业五大功能排序演变

20 世纪初期,整体市场大环境供不应求,造成工厂只要能生产出产品,就能销售出去的盛况。如何提高生产力,也成为企业的第一要务,企

业领导人就是"厂长"。当时,营销功能尚未启动,企业之间的竞争并不明显,研发功能也未受重视,人资与财会功能则相对简单,形成生产功能独大的现象,其他功能只是陪衬。

20 世纪 60 年代,全球经济受到第一次与第二次世界大战破坏,日本与欧洲企业在美国协助下再生,国际贸易与跨国企业崛起,市场竞争加剧,企业的营销功能快速成长,研发功能则刚刚苏醒。演进至 20 世纪 80 年代,企业五大功能排序变成"产销人发财","产销协调"成为当时企业最响亮的惯用语,着重的是"先生产后营销"。

20 世纪 90 年代,由于电脑、网络科技、无线通信的兴起,打破了国家与产业间固有的疆界,促使工厂产能大增,各企业间技术更新、模仿快速,在专利与创新上竞逐,市场营销竞争激烈,营销所扮演角色越来越重要,生产则随着代工外包(outsourcing)的兴起,退居第二。至于研发则因技术的竞逐,扮演的功能越来越重要,取代人资变成第二位,因此变成"销产发人财",强调以市场需求为优先考量。

企业五大功能演变至今,已形成"市场营销与技术研发合一"的趋势,也就是跑街推销贩卖的营销人员与空调间里醉心于研发的工程师,彼此加强交流、携手合作,才能推出符合市场需求的商品或服务。

"计组用指控"五功能:
设立目标,制定组织结构,培训并激励人才,建立回馈奖惩系统

不论是在中国或西方社会,管理讲求的都是"结合群力达成目标",或是"经由他人力量达成目标"。虽然管理属于无形的"管人去做事"的活动,但和企业五大功能("销产发人财")讲求有形的做事活动一样,都是为了追求"顾客满意"与"合理利润",达成生存与成长目标,也都同样具有"五官六识"。而管理的"五官"指的就是管理的五个功能步骤。

1. 计划:通过搜集信息,设定企业的基本宗旨(basic purpose)、长期使命、中期产品市场愿景(vision)、短期目标与战略以及年度执行计划,以指挥全体员工有效运用企业的八大资源。

2. 组织:依计划目标,设定组织结构(structure)、职责说明、核决权限,以及各种标准作业程序制度规范,以指导员工自动进行日常作业。

3. 用人:依据职位责任的规格需求,寻找合适的人才,适才适所任用、培训、晋升,让员工能发挥潜能。

4. 指导:这是企业管理功能中最花时间的一环,由各级主管每天面对面地指挥领导,执行分层负责,做到有效沟通与激励,并以身作则鼓舞士气,让员工按照标准作业程序完成各项工作目标。

5.控制：目的在于建立信息资源回馈系统，监督各部门员工准时汇报实况，并由主管比较实情与目标差距、分析原因，及时纠正员工不适当的行为与修正工作目标，确保各部门目标与公司总目标能如期达成。管理的控制功能犹如开车一般，必须随时调整方向盘，作"进行中的控制"，只有必要时才刹车，保证又安全又准时地到达目的地。

除上述五功能步骤外，从基层到高层各级主管，在执行过程中，不论面对的环境有多复杂、困难，都必须以公司目标为最终依归，并以能达成目标的行动手段为优先，而不是死守过时或不适用之手续性规定。

企业管理双重五指山：
依计划调整组织、用人策略，
让企业功能与目标紧密结合

管理五功能的目的在于协助企业"销产发人财"各部门主管，达成有效管理目标，而计划、组织、用人、指导、控制依序环环相扣，不可变更，与"销产发人财"可因环境竞争而调整不同。

企业管理者不可未定计划就先设组织，否则会颠倒错乱，因为要改变书面计划内容很容易，但要改变组织结构却非常困难；也不可未设组织就先用人，否则会造成逆血攻心，因为人具有个性、学历、成长背景各方面差异，一旦用错人，很难再重来，所以绝不可先找人来，再因人设事（组织职位）。

因此，只有将企业五功能与管理五功能紧密结合，才能达成有效经营的目标。若是以企业五功能为横轴、管理五功能为纵轴，可据此画出"企业管理双重五指山矩阵"（见图 10-3），以企业五功能背后总指挥为首（例如公司最高领导人或总经理），依循目标管理，展开计划、组织、用人、指导、控制各功能，让"销产发人财"各部门发挥最大功效。

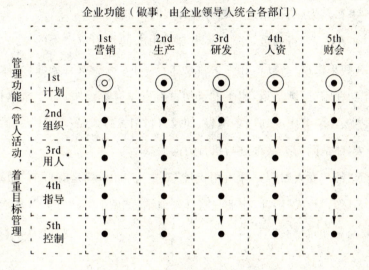

图 10-3　企业管理双重五指山矩阵

注：⊙ 代表计划

　　◉ 代表管理计划，是公司计划的起始点，也是各部门计划的指挥中心。

　　→代表各功能步骤顺序的方向，不可逆转，否则会逆血攻心。

　　● 代表管理是魂，每一交叉点都有管理灵魂，而管理灵魂由决定（deionmaking）、协调（concatenation）与资源运用（resources-utlilization）三者组成。

结论 好创意＋严密执行力＝经营成果

　　"事在人为,功在跟进",是所有管理的根本。

　　"事在人为"指的是,好事、坏事都是由人的行为所产生的结果,例如企业在购买机器设备后,并不会自动生产,因为机器没有灵性,只能依赖人。"功在跟进"则是指,能不能成功就看有没有持续跟进、严密执行,例如某些人在脑海中规划许多构想,却没有付诸实行或是一曝十寒,做事不能持久,都是因为欠缺跟进与执行力的后果。

　　而"销产发人财"与"计组用指控"双重五指山,就是有形的"做事"系统与无形的"管人"活动,企业只有严密地结合"做事"与"管人",才能达到"有效经营"的目标。

MBA

"品牌权益"解析
如何提升品牌价值、进行品牌估价

你的品牌值多少钱？品牌估价该怎么做？有哪些评量指标？"品牌权益"（brand equity）包含哪些层面？随着越来越多企业跨入品牌经营，品牌权益与品牌价值衡量也日益受到重视，通过本文层层分析，将可让你完全掌握品牌权益的知识与内涵。

名师简介

吴克振

美国加利福尼亚大学伯克利分校作业研究/管理科学博士,现任台湾科技大学企业管理系主任;专长研究领域为品牌管理、高科技营销管理、策略性营销等。

品牌权益（brand equity）又称为品牌资产，包含品牌忠诚度（brand loyalty）、品牌知名度（name awareness）、感知质量（perceived quality）、品牌联想（brand association）四大面向，以及其他与品牌价值相关的资产，如专利权、商标、流通渠道关系等（见图11-1）。

图 11-1　品牌权益四大面向与品牌价值关系图

品牌资产鼻祖戴维·阿克（David Aaker）在其著作《管理品牌资产》（*Managing Brand Equity*）中指出，对顾客而言，解读品牌信息的过程，将可为购买决策带来信任与满足感；对企业来说，则有助于进行营销活动、创造忠诚度、提升毛利、取得与流通渠道谈判时的筹码、比竞争者更具有优势。以下将依据戴维·阿克所提出的"品牌权益"四大面向，作更进一步探讨。

品牌忠诚度:满足消费者期待,每一个细节都做对

　　品牌忠诚度是指消费者在购买决策中,多次表现出对某个品牌有偏向性喜好的行为。它不仅是一种购买行为,更是一种内心感受的过程。品牌忠诚度的形成不完全依赖产品质量、知名度、品牌联想及传播,而是建立在消费者产品使用经验与感受上。一般而言,品牌忠诚度共分成五个不同层级。

　　1. 无品牌忠诚者:没有品牌忠诚度,哪里价格低就往哪里跑,属于价格敏感型消费者。例如,到大卖场买牙膏,哪里有促销就在哪里买,此类型消费者常自认为是个聪明的购买者。

　　2. 习惯购买者:对产品或服务满意,习惯性地购买相同品牌的产品。例如,以前微软 Windows 操作系统经常死机,但消费者习惯了使用它。需特别注意的是,消费者的惯性会创造忠诚,甚至在不知不觉中对产品或服务忠诚,只是忠诚度没那么高。

　　3. 满意购买者:满意但有"转换成本",可能是金钱或心理成本,其中需特别注意的是心理成本。例如,选择购买同一品牌且具有防蛀牙功能牙膏的消费者,若是要购买其他品牌的牙膏,可能会造成心理上的转换成本。

4. 情感购买者：喜欢该品牌，将它视为朋友一般。想要创造"喜欢"有两个要点：首先，对待消费者要发挥同理心，让他们对你的产品与服务产生窝心的感觉；其次，企业的一举一动都要符合消费者的内心期望。

5. 认同购买者：对产品或服务产生认同。能够做到让人温暖还不见得会立即产生认同，但若能每一次都让消费者有全新的感受与领悟，自然会产生认同，并在内心形成信念，进而产生忠诚。

除了上述品牌忠诚度的五个层级外，衡量品牌忠诚度时，还必须理清满意与忠诚度两者间的关系。一般而言，满意与忠诚度有关系，但满意却不一定能创造忠诚度。而针对满意、后悔、期待这三者与创造忠诚度关系的研究也指出，最能创造忠诚度的项目依序是期望、后悔、满意。满意与忠诚度的关系，若以男女朋友间的交往为例，双方对于过去的交往都感到很满意，但当彼此已经没有期待的时候，分手的几率就相当高。所以，创造忠诚度最好的方法就是，让消费者对你有所期待。

好不容易建立起来的品牌忠诚度，还必须用心维护，并在细节上正确地对待消费者。例如，到 7-Eleven 便利店购物时，店员毕恭毕敬地鞠躬说"谢谢"，跟只是口头上说声谢谢相比，在消费者心目中的感受差异就非常大，因为大部分消费者对细节非常敏感，希望获得尊重，而且表示尊重的方式要优雅。

品牌知名度:建立独特性,持续不断地沟通

　　品牌知名度指的是消费者可判别出该品牌,并将产品与品牌自动产生联结。品牌知名度可分成四个层次:第一层是无知名度,叫不出名字,不知道该品牌;第二层是品牌辨识,叫不出名字,但可辨别出该品牌;第三层是品牌回想,经过别人提醒后,可默念出该品牌的名字;第四层是高知名度,不需别人提醒,看到产品自动与品牌产生联结。

　　建立品牌知名度的好处在于,与消费者沟通时将事半功倍,反观若是没有品牌知名度,与消费者沟通时就得加倍努力,还不见得能达到预期的效果。品牌知名度不仅影响现存知名品牌,也包括过去许多知名老品牌,即使品牌本身已经不在了,也没有任何广告宣传,但它过去所建立的知名度,还是会继续存在消费者的脑海中,足见品牌知名度的影响力。建立品牌知名度时,可采用以下七个做法。

　　1. 创造差异化:让顾客对你的产品或服务印象深刻。例如,哈雷机车黑皮衣、黑皮裤的形象,深深地烙印在消费者心目中,因为它创造了与众不同的特色与风格。

　　2. 寻找合适标语(slogan):用一句话来联想品牌。例如,德比尔斯以"钻石恒久远,一颗永留传"作为宣传标语,令人难忘。

3. 建立图腾特色：协助顾客更容易记住你的品牌，就像哈雷机车的老鹰图腾般，很容易辨别。

4. 善用媒体宣传：借助媒体宣传品牌知名度。

5. 主动赞助活动：支持或赞助相关活动，增加曝光机会。例如，万事达卡（Master Card）曾赞助世界杯足球赛，以创造活泼的感觉。

6. 积极进行品牌延伸：在知名度尚未建立时，不断地延伸到其他地方，持续创新产品线，也有助于打响知名度。

7. 采用暗示性手法：在广告宣传等营销活动中，置入暗示性信息，以营造出品牌独特的感觉。

最后，创造品牌知名度是一种持续性的过程，必须不断地重复出现，才能在消费者脑海中产生深刻的印象。

感知质量：让产品有意义，触动内心踏实感

感知质量强调的是消费者对产品或服务的感受，属于消费者的主观认知。而消费者的感受每个人都不相同，例如选择到大卖场购物的理由，不全然都是为了产品质量，也可能是因为服务人员的服务质量，或是停车方便等因素。

"感知质量"与"满意度"也有所区别。质量很差的产品，有时还是能

够令人满意,原因就在于便宜。例如,一张只卖50元的椅子,坐起来虽然不是很舒服,但是因为很便宜,还是会让一些人满意;反观一些质量很好的产品,因售价不菲,也有可能引发不满。

此外,感知质量所营造的专业,除了可为消费者带来信心外,好的产品质量,也可为企业带来更高的售价与毛利,同时增强在流通渠道上的能见度,并将品牌延伸到更多地方。以下是影响感知质量的六个因素。

1. 产品质量。影响产品质量的因素包含文化、一致性、耐用度与合适度。

首先是文化因素,东方人经营品牌时,都是从产品质量与功能切入。西方人则选择从愿景与营销着手,开创新品牌。其次是一致性,消费者通常会将一致性视为好质量的表现,例如,可固定使用1万小时的日光灯,与有时使用2小时或200小时就会坏掉的日光灯相比,前者在消费者心中就是质量可靠的表现。至于产品的耐用度,则会影响消费者下一次采购时的决策。例如,以耐用出名的丰田汽车,一部车至少可开二十年左右,当消费者下次要换车时,自然会想到它。最后是合适度,企业提供的服务不见得能完全符合消费者的需求,也有企业不能贯彻产品质量,常常在最后一关忽略了重要的细节,让质量大打折扣。

2. 服务质量。决定服务质量的第一道关卡是:好的服务要能够被看到。例如,报名参加某课程时,除了上课分发讲义外,主办单位还必须为它设计精美的封面,以提高在消费者心目中的服务质量。

除了好的服务要被看到外,企业还必须做到说、写、做一致,换言之,只要是承诺顾客的事情都必须做到,才能营造出可靠的感觉,同时也必须具有责任感与专业能力,以确保实现对顾客的承诺。最后,要具有同理心,尊重顾客,向顾客学习。

3. 质量认同与文化。质量认同强调一个人拥有多少心灵质量,就能拥有多少好质量的产出。心理粗糙的人无法察觉细微之处,因此不容易作出有质量的产品,反观心静的人,往往可以看到别人所忽略的细节,把质量做得更好。而质量文化则会影响企业的外在行为表现。

4. 顾客回馈。当顾客愿意与你沟通时,代表他对你还有期望。以笔者自身为例,我在教授微积分课程时每星期都考试,出发点是为了提升学生的程度,不料期末评鉴时,有位学生反映我的教学方法不当,当下着实令我愣了好久,后来想想,一定是我忽略了某些学生的需求,才会造成这种反应。珍惜这些意见,对我后续的教学质量大有帮助。

5. 衡量标准与员工创意。标准作业程序的建立是确保质量的重要关键。而员工的创意,则为质量带来加分的效果,因为他们是实际掌控现场的灵魂人物,特别是很多作业在线的问题,其实都是由员工所发现,而不是老板。

6. 顾客感受。让产品质量与顾客感受完全契合,其中的关键在于触动顾客心里的踏实感,让产品在顾客心中产生意义,并以简单明了的信息,激发顾客的兴趣,加深感受。

品牌联想:串联定位与形象,力求一致

品牌联想指的是消费者看到某一特定品牌时,从记忆中所能被引发出对该品牌的任何想法、感觉、经验或评价等,即使是同一品牌,每个人对其的联想也不尽相同。

进行品牌联想时须特别注意联想与形象、定位间的不同,形象代表的是所有联想的集合,只存在于消费者的心目中;定位则是厂商所欲传达给消费者的信息,因此若想要达成有效的沟通,便须将定位与形象串联,并力求达成一致。

品牌联想最大的功效在于,引发消费者内心的触动。例如,同样都是咖啡店,星巴克的品牌联想触动了消费者内心的感受,因此吸引了大批消费者上门光顾。除此之外,品牌联想也有助于产生差异,创造消费者购买的理由,成为品牌延伸的基础。

进行品牌联想前,须先通过选择与创造阶段,设定好消费者看到品牌时心目中的联想形象,同时品牌本身也必须具备同样的特质,才有可能达成目标。因此,可从以下三个步骤着手。

1. 进行自我分析(self analysis)。了解产品本身的特质、属性,以及消费者对品牌的感受。品牌感受来自于产品本身与既存联想,唯有先行了解、分析现况后,才能作出正确的改变。

2. 了解竞争者的联想(competitor's association)。找出与竞争者不同的关键联想,并从心灵深处产生差异化。例如市场上一些化妆品品牌强调活化肌肤的功效,另一些新进品牌则以像婴儿皮肤般的效用,营造与竞争者不同的优势切入市场。

3. 瞄准目标市场(target market)。提供消费者所需的购买理由与增加附加价值。就像很多液晶电视厂商主打"超薄型电视第一名",用"第一名"加上"超薄"的诱因,提高消费者的购买欲望。

除了上述三个步骤外,美好的使用经验与广告诉求也是创造品牌联想的重要关键。此外,创造品牌联想,可将它与任何东西联结在一起,但要特别注意的是,消费者的联想是很难控制的,也有可能会出现不可预期的负面联想。而要想维持好的联想,则必须做到一致性,朝同一个方向前进。

运用多重指标,衡量品牌权益

衡量品牌权益时,股价常成为重要的因素。通过衡量指标与股价进行统计分析,然后将参数找出来,用来衡量你的品牌价值有多少,整体运算过程都跟股价有关。

衡量品牌权益的机构众多,其中以 Interbrand 较具公信力,而 Interbrand 所采用的衡量指标可区分成:领导力(leadership)25%、区域性扩张(geographic spread)25%、稳定度(stability)15%、市场(market)10%、趋势(trend)10%、支持(support)10%、保护(protection)5%等七个项目(见图 11-2)。

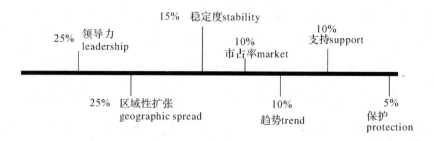

图 11-2　Interbrand 衡量品牌权益七大项目与各项目所占比重图

1. 领导力。分成市占率与定位、知名度与尊重、制定价格的能力、创新能力、群体关系(society)与企业公民责任等项目。

首先是市占率与定位,在同一市场中,市占率较高的品牌,其品牌价值未必能超越其他品牌,因为市占率只是领导力占比中的一个小项目。而定位清不清楚,则会影响顾客对品牌的认知。

其次是知名度与尊重,知名度高却无法赢得消费者尊重的品牌,同样无法成为成功的品牌。接着是制定价格的能力,当品牌强大到发展成独占事业时,就能拥有制定价格的能力。而创新能力也很重要,除了产品创新外,制程与管理上的创新同样能带来改变。

最后,群体关系与企业公民责任也是重要的项目。员工、股东、流通渠道商与企业关系和谐一致时,有助于品牌的推行与建立;而与周遭环境建立良好的互动关系,则是企业应有的责任与义务。

2. 区域性扩张。是指在不同的区域经营并产生盈余。区域扩张程度越高,品牌受认可度也就越高,品牌权益自然也会更高,另外,面对金融风暴冲击时的承受力也会越高。

3. 稳定度。在不同发展周期,通过各种挑战稳定成长。例如,不随金融风暴载浮载沉,除了拥有忠诚顾客外,盈余、市场占有率、市场定位等,都能维持一致。

4. 市场。市场本身的大小也会影响品牌排名。以制造遥控车、遥控船闻名的雷虎科技为例,虽然市占率非常高,但所在行业的市场规模比起计算机、汽车等庞大行业的市场规模小很多,也因此品牌排名先天就受到限制。

5. 趋势。相对于整体市场趋势,企业本身的发展趋势若高于整体市场,就可得到比较高的分数;反之,若是低于市场平均,得分就比较低。

6. 支持。品牌养成需要不断地支持与资源投入,因此许多国际大品牌通常会固定提拨营业额的 5%～7%,作为支持品牌继续成长的资金。

7. 保护。知名的永和豆浆即因为"永和"是地名无法注册,造成许多竞争者纷纷模仿。

结论 敏锐观察,动手"做品牌"

从过去到现在,品牌建立的模式不断地在改变,戴维·阿克指出了三大趋势的演变：由战术性逐渐移转到策略性管理、从单一焦点变成全面性关注，以及品牌策略也从过去只注重销售、市场占有率，转而关注顾客认知，品牌所关注的层次与面向变得更高更广（见图 11-3）。

比较项目	过去	现在	
品牌观点	短期的战术、背动反应	有远见、长期的策略规画	从战术性到策略性管理
品牌经理人特质	由没经验的新人参与，负责短期性的计划	由组织高层参与，负责长期性的计划	
概念模式	建立品牌形象	维护品牌权益	
关注焦点	短期的财务获利	长期的品牌权益	
产品与市场范畴	单一产品与市场	多重产品与市场	由单一焦点到全面关注
品牌结构	简单	复杂	
品牌数量	单一品牌	多样品牌	
国家范围	单一国家	全球视野	
品牌经理人的沟通角色	独自一人，在有限选择下沟通与协调	扮演团队领导人，拥有多重沟通管道	
沟通焦点	着重对外关系与顾客关系	除了对外关系与顾客外，开始经营内部关系	由重视销售、市占率到强调顾客认知
策略方向	只重视产品销售与市占率大小	以赢得消费者的认同为首要之务	

图 11-3　品牌建立模式的三大趋势演变

　　然而，建立品牌时所需的"理念与体验、资源与勇气"，仍是不可或缺的重要因素，虽然现在很多企业都以关怀顾客作为自我期许，但真正做到并且让顾客感受到的却寥寥可数，其中的落差恰巧反映出"懂品牌"与"做品牌"不同的思维。懂品牌的人就像某些计程车司机一样，谈到交通，可以滔滔不绝地说个不停；而真正能做品牌的人，通常都非常有耐心又善于观察周遭环境变化，并且拥有许多生活智慧。

财务管理与企业目标

财务管理四要项、企业评价四方法

企业的目标在于为股东创造价值，企业经营者的任务在于通过投资实现此目标，而财务则扮演支持与控制的角色，协助创造更多的价值。并购、重组、融资、运营资金决策、支付政策以及投资计划的评估等，都必须理解并善用财务分析方法，为企业创造更多价值。

名师简介

廖咸兴

台湾大学财务金融学系暨研究所教授,美国新泽西州立大学博士;负责教授信用风险研讨、结构型融资研讨、资产证券化概论、财务管理、财务报表分析以及进阶管理研讨等课程,并多次获得台湾大学"教学优良奖"与"学术研究奖"。

　　从财务的角度来看,企业经营的主要目标在于通过管理来使股东财富(或是极大化股票价格)最大化,增加公司价值。而有别于营销、人力资源、生产、研发等企业功能,财务主要扮演后勤支持与控制的角色,与企业战略发展紧密结合。

　　在企业众多的功能中,若缺乏财务的支持,营销、生产与研发便无法付诸实行;甚至许多企业的重大投资计划,也都必须仰赖财务功能来进行控制。比如说,生产部门第四季的预算、产能与产品合格率,都必须依靠财务管理系统进行监控,确保准确达成企业的目标。也因此,在企业经营整体架构中,财务扮演着非常重要的角色。

企业经营者的任务：
掌握财务管理四要项，创造最大价值

通过经营管理创造价值，是企业经营者的主要任务之一。而创造出价值的首要之务在于"投资"——借由投资创造出比股东自行投资更多的利润。

比如说，股东将 100 亿元交给企业经营者，而你却选择将这 100 亿元定存在银行（或购买股票），便没有为股东创造价值，因为只要是股东自己就能做的事，企业经营者却只做到跟股东一样好的时候，对股东而言，经营者就没有任何价值可言。因此，企业经营者必须通过投资（如并购另一家公司、开设新生产线）创造更多财富，这样才能称为创造价值。为确保企业经营者能创造更多价值，企业在进行财务管理时，必须思考以下四个要项。

1.应该投资何种长期资产。企业的投资策略，除了一般常见的投资外（如购买机器设备、开设新生产线、成立新据点或购买工厂），还包含并购与重组（或切割）。并购指的是企业为追求快速成长，直接购买另一家公司；重组则是当企业发展到一定规模后，通过重新分割的方式，让潜藏的价值释放出来，比如说，宏碁将品牌与代工进行切割，分成宏碁与纬创两家公司。

此外,投资策略并不全然只有"买进来"(如并购),有时候"卖出去"(如切割)也是一种策略,比如说,企业选择将某一部分的资产出售"瘦身",也是一种很重要的投资策略。

2.如何筹集资金满足所选择的投资计划需求。此处指的是企业的融资决策,企业想要进行投资,必须取得相关资源,除了股东所提供的资源外,也可以通过举债、发行新股等方式筹集资金。

3.如何筹集和管理"短期运营资金"。企业经营者必须管理好"短期运营资金",让可以立即变现的"短期资产"(指现金或约当现金的存货),大于必须立即支付的"短期债务"(指一年内必须支付的债务),维持企业正常运作。若是"短期资产"大于"短期债务"但很接近时,代表现有以及营收产生的现金,绝大部分必须用于支付短期债务,万一现金收入不如预期,就会发生"支付不能"(无法支付短期债务)的状况,企业的运营马上就会发生严重的后果,甚至倒闭。

许多企业常因"短期运营资金"管理不当,发生资金周转不灵从而导致失败。而当一个企业发生短期支付困难时,就会影响生产与销售业务的正常运作,造成消费者因为顾忌无法取得后续服务,而不愿意购买一家即将倒闭的公司所生产的产品,甚至连原本合作的供货商,也因害怕收不到款项,而开始要求采取现金交易,为企业带来庞大的运营压力。

4.如何支付股东(或发放股利)。指的是支付政策(或称为股利政策)的选择,主要可分成"发放现金股利"或"保留盈余"两种方式。

发放现金股利代表企业本身对未来发展持保留态度,有可能是因为市场没有太多发展机会,或是未来成长受限,因此才会选择大量发放现金股利;而保留盈余则表示将钱留在公司,等待机会做更多的投资,获取更高的成长。无论是选择那一种方式,都代表了企业经营者对未来发展的看法。

比如说,台湾 IT 企业在 2000 年以前很少发放现金股利,2000 年后,因为整体产业遭受到市场不景气影响,投资机会变少,造成很多企业开始大量发放现金股利,将钱还给股东。

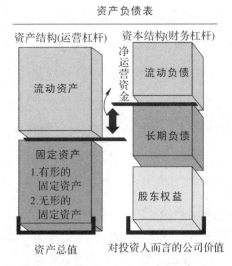

图 12-1　企业资产负债表基本模型

从上述财务管理四要项中不难发现,企业在运营过程中,运营资金的宽松拿捏,将决定企业未来的发展与稳定性。比如说,市场景气的时候,将"应收账款"期限拉长,市场不景气时,则将期限缩短;或是市场中有很多竞争者,企业为了打击对手,而将"应收账款"期限比竞争者拉得更长,以争取更多的机会。

杠杆与风险的关联性:
谨慎操作运营与财务杠杆、管控风险

　　企业经营者的各项经营决策,同时影响企业的杠杆与风险。经营决策中与"资产结构"相关的项目,将会影响"运营杠杆";而与"资本结构"相关的项目,则会冲击"财务杠杆"(见图12-1)。企业长期资产越多,折旧、摊提就越多(不论营收多寡,折旧、摊提费用并不会跟着改变),运营杠杆越高;企业负债越多,利息就越多(不论有没有赚钱,都一定要支付利息),财务杠杆也就越高。

　　杠杆的好处在于以小搏大,协助企业赚取更高的利润或成长,但随着杠杆越高,企业所承担的风险也越高,财务绩效的波动越大。比如说,以融资方式买进一张100元的股票,可能只须花50元购买(另外50元是借来的),3天后,若是上涨至110元的话,报酬率便是20%;但若是以100元的代价买进的话(即不采用融资方式买股票),报酬率便是10%。股价下跌也是同样道理。

　　由此可见,在杠杆效果操作下,财务表现波动的幅度也会跟着变大,提高了财务风险(不确定性)。

　　当企业的营收不确定性越高时,如何管控评估风险便成为重要的关

179

键。在企业决定投资项目与举债多寡时,就已经决定了运营与财务风险 (将财务与运营风险合并后,称为"总风险")。

比如说,某一家公司的总杠杆(运营杠杆加上财务杠杆)是 4 倍的话, 当这家公司的业务增加 10％时,股东所获得净利就会增加 40％,杠杆效 果协助股东获得高于企业经营的报酬率;同样的,当业务降低 10％时,股 东所获得净利也会跟着降低 40％。也因此,企业经营者必须在一开始 时,就审慎地决定投资项目与举债额度。

然而,杠杆操作的幅度高低取决于企业经营者对未来发展的看法,对 未来抱持乐观态度时,自然会将杠杆操作幅度加大,以获取更多利润;对 未来抱持悲观态度时,则采取保守的杠杆操作。而不同企业的财务杠杆, 再加上市场需求波动的不确定性,造成了不同企业间运营成果的差异。 比如说,金融海啸来袭时,市场需求大幅波动,采取高杠杆运作的企业,此 时受到的(净利)损失就比采取低杠杆运作的企业来得大。

如何进行投资评价:
企业评价四方法,知己知彼、确保投资效益

当企业经营者评估投资计划,面临的不确定性因素越来越多,这时可 通过"企业评价",了解该项投资获益方与对方公司的价值。麻省理工学

院财务经济学教授史蒂芬·罗斯(Stephen Ross)等人,在《公司理财》一书中提出了企业评价的四种方法(见图 12-2)。

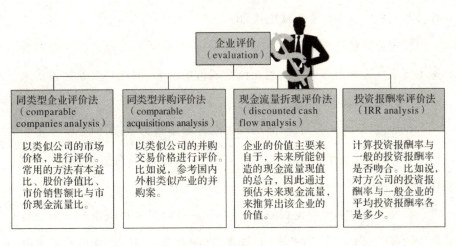

图 12-2　企业评价四大方法简析

1.同类型企业评价法(comparable companies analysis)。与市场中具有类似营业项目、成长率、财务特性与规模的公司比较,从类似公司的价值估算进行评价。常用的方法有本益比(每股价格/每股盈余)、股价净值比(每股价格/每股账面价值)、市价销售额比(每股价格/每股营收)与市价现金流量比(每股价格/每股运营现金流量)。

比如说,以本益比进行评价时,若两家公司规模差不多,对方公司的本益比为 20 的话,我方也应为 20;在相同条件下,若我方的盈余为 2 元的话,即可推论出我方股价应为 40 元。

2.同类型并购评价法(comparable acquisitions analysis)。当企业所评价的项目,在市场上没有市价或是本地市场找不到类似公司时,可通过类似产业并购案的价格,推论出价值。

比如说,当年有线电视台进行整合时,就是参考国外有线电视并购案,进而推算出每一个收视户值多少钱,最后才顺利合并手上握有几十到几百收视户的众多地方有线电视台。

3.现金流量折现评价法(discounted cash flow analysis)。企业的价值主要来自未来所能创造的现金流量现值的总和,因此只要通过预估未来现金流量,即可推算出该企业的价值。

比如说,并购某公司时,即可以未来现金流量为基准,但要特别注意的是,未来现金流量常因主观判断过多(如卖方乐观高估)而不易准确估计。

4.投资报酬率评价法(IRR analysis)。计算投资报酬率与一般类似投资的投资报酬率是否吻合。比如说,并购时若是对方公司的投资报酬率比一般相似企业的投资报酬率来得低的话,就有可能不具备并购的价值。

如何进行财务分析:
考虑内外环境,评估企业未来成长空间

从财务的角度来看,当企业运营面临重大转折时,不论是选择"继续经营"、"上市"或"出售",都必须面对不同的利弊得失与挑战。接下来,就

以饮料公司 Nantucket Nectars 为例,说明企业在面临重大抉择时的财务决策考虑。

1996 年,有多家业者对并购以生产果汁为主的 Nantucket Nectars 公司表示出高度的兴趣,也让一手创立该公司的两位创办人开始陷入深思——是否要继续经营、上市或出售公司。以下便从该公司的财务与运营状况进行分析(见表 12-1)。

表 12-1　继续经营、上市、出售的优缺点分析

项　目	继续经营	上　市	出　售
优点	1. 可保有经营权,控制公司的所有资源分配,想做什么就做什么。 2. 若是公司未来经营成功的话,可享有所有的经营成果,不必与他人分享。	1. 可从资本市场上取得充沛的资金,若要进行扩充的话,也比较容易。 2. 借由上市提高市场能见度。	1. 经营者若想要离开公司的话,可马上取得收益。 2. 购买者若是同性质的公司,可能会有综效产生,变得更好。
缺点	1. 未来发展有限,虽然销售预估很好,但现实并不一定会这么好。 2. 规模太小,成本很难降低,供货商无法配合供应原料。 3. 若是继续经营有可能会面临倒闭的风险。	1. 上市成本非常高,过程漫长又痛苦。 2. 某些重要的经营信息、技巧,因上市被迫公开。 3. 有心人士可通过股权收购,威胁原有经营权。上市后,若股价表现太差,也得面对股东的抱怨。	1. 出售过程中,双边谈判过程冗长,令人心生厌烦。 2. 购买者不是给现金,而是股票,形成被购买者的财富必须仰赖别人的公司,丧失价值的操控权。

1. 财务分析。运营状况不理想,直到 1996 年才首度出现盈余。

在流动资产部分,当时仅余少数资金,若是营收有任何短缺的话,就有可能会出现支付不能;运营现金流量长期处于负数,从运营而来的现金流量不足,不利于长期发展;举债部分,总负债高于自有资金,负债比率偏高。

2. 成本考虑。饮料产业的成本主要来自于原料与装瓶,该公司的原料来源掌握在上游供货商手中,加上本身规模不大,无法与市场上已有的大买家竞争,原料取得较为困难。类似的情况,在竞争激烈的 3C 市场也常发生,比如说,某 3C 品牌大厂将市场上所有制造机壳用的材料全部搜刮走,小厂便很难存活。

至于装瓶,当时则控制在几个主要大品牌手中,难以取得装瓶合作厂商的生产量;再加上该公司强调高质量,果汁浓度远超过竞争者,成本自然高出许多。

3. 未来预估。过度乐观预估营收、利息与毛利,出现高估未来营业额与毛利、低估利息支出的现象。1996 年时预估,营收、盈余与毛利每年成长;利息费用则预估小幅度增加(在该年度举新债),低估了利息费用。

除了上述挑战外,该公司的顾客集中在学校、熟食店等区域,无法进入大卖场,也是一大隐忧;加上年轻人口味变化迅速,若无法持续开发出新口味的饮料,很容易就会流失年轻族群的支持;同时还必须面临竞争者发动的低价营销。

企业经营者的抉择：
审视财务与运营，再决定继续经营、上市或出售

　　针对上述运营与财务状况，与继续经营、上市或出售进行交叉分析，即可进一步了解该公司在面临三种不同选择时所应采取的相应措施。而这也是许多企业在运营过程中，都有可能会遇到的问题。

　　1.继续经营。必须扩大通路、降低成本、保留既有优势，其中又以打开通路与降低供应链成本最为关键，若是通路无法打开，后续的销售成长预估就会难以实现。此外，如何维持既有的管理风格与企业文化，也是重要的考虑因素之一。

　　2.上市。上市过程中有很多关卡要克服，必须找证券公司进行辅导，成本非常高昂。此外，还必须被迫公开运营信息与面对小股东的责难（股价低迷时）。

　　3.出售：如何从众多买家中，挑选合适的对象。关于这点，可从不同买家（企业）的配销系统与企业文化层面进行考虑，找出具有互补功能、同时在企业文化上又能相互契合的公司，以提高合并后的整体效益。

　　比如说，为节省成本效益，可选择与自身产品属性相近的公司；若考虑未来扩张销售，可选择具有完善配销系统的公司；甚至是选择企业文化

与本身相近的公司,以降低两家企业合并后的摩擦。

最后,Nantucket Nectars 两位创办人选择将公司大部分股权卖给产品属性相近、又具有完善配销系统的另一家饮料公司,并继续推行"新世纪水果饮料"(1992—1995 年间兴起的茶饮料、矿泉水与果汁),两位创办人仍然持有相当比率的股份。

结论　价格不是唯一考虑,必须兼顾管理风格与文化

除了运营与财务上的考虑外,在衡量一家公司的价值时,组织文化与管理风格也必须纳入考虑,价格不是主要考虑,能否维持既有组织文化、确保员工权益,才是促成并购案的关键。

从上述饮料公司并购来看,对买方而言,最有价值的无形资产来自于两位创办人与该公司自由开放的组织文化等,而这些因素正是无法使用资产负债表(或其他财务工具)加以评估的项目。也因此,在许多并购案中通常会保留原有的经营团队,同时通过股权的控制(如握有一定比率的股份),让创办人继续经营公司。

首席财务官(CFO)的职能转换

从财务管理者到战略掌舵人

CFO 已不是简单的幕后理财专家，而是公司方向性、规划性的战略设计者。他们正在参与公司经营的全过程，包括制定公司的发展战略，领导公司进行自身变革，并以一种真正的伙伴关系同 CEO（首席执行官）合力制定企业的关键决策。

名师简介

孙 铮

上海财经大学副校长、中国会计学会副会长、财政部会计准则委员会委员、上海证券交易所上市委员会委员。

1995年,美国《财富》杂志在一篇题为《超级财务总监》的封面文章中指出:一种新的岗位——CFO(chief financial officer,首席财务官)正在使公司财务管理的传统地位发生革命性的变化。

这些CFO正在参与公司经营的全过程,包括制定公司的发展战略,领导公司进行自身变革,并以一种真正的伙伴关系同CEO(chief executive officer,首席执行官)一起进行决策。

新环境下CFO的角色定位:
面临挑战,做公司战略的设计者

一个显著的案例来自于通用电气(GE),曾被《美国新闻与世界报道》周刊公推为"美国商业最有影响力者"的通用电器第六任CEO雷金纳德·琼斯(Reginald H. Jones)就是CFO出身(1968年任CFO、1972年任CEO、1981年离任CEO),而他亲自挑选的继任者杰克·韦尔奇(Jack Welch)又是这样评价自己的财务总监丹尼斯·戴默曼(Dennis Dammerman):"他改革了财务管理制度,过去财务系统所处理的事情中,近90%都是单纯的财务记录,只有10%是管理,现在已经能做到近一半的内容是放在管理和领导层上面。"

这一观点与普华永道会计师事务所(Price Waterhouse Coopers)一

项调查不谋而合。普华永道研究发现,CFO 的财务职能重心已经悄然发生了改变,过去很少为公司提供决策支持的 CFO,在减少了传统财务方面业务处理的工作比重之后,开始频繁地参与董事会讨论,包括企业供应链、定价、生产等环节的预测、风险管理和决策事宜(见图 13-1)。

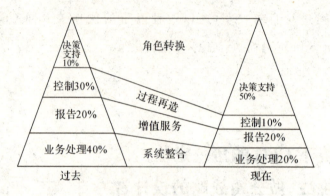

图 13-1　CFO 的财务职能重心调整

2008 年全球金融危机时,只有具备强大财务能力的企业才经受住了考验,CFO 纷纷承担起价值整合者的角色,通过倾力降低成本、维持现金流、控制财务风险来力挽狂澜。鉴于市场的多变性和不稳定性,大公司的 CFO 们面临的不仅仅是各种紧急的资本筹措、现金流变化,而是从 20 世纪 90 年代开始,前所未有的全面挑战。

挑战 1:资本市场的机构投资者实力雄厚,CFO 成为公司与股东沟通的中枢。随着资本市场的不断成熟,投资者越来越专业,对公司的目标非常明确,对公司财务业绩表现要求也越来越高,因此 CFO 必须足够专业,才能就公司情况与投资者进行有效沟通。

挑战 2:经济全球化导致公司生产经营、物流系统、现金管理、资本运作全球化。CFO 需要更好地解决来自研发、供应链、制造、营销、外包/外联以及其他领域(如金融)跨职能的经营与财务指标之间的关系。

挑战 3:IT 技术的进步,使财务外包服务流行起来。IT 技术进步,使得很多财务工作可以外包、转包,促使 CFO 进一步思索如何集中服务于公司内部的关键性业务,提高财务管理的效率和内部财务服务的水平。

挑战 4:发达国家经济增长放缓,新兴市场充满活力,公司新的发展战略该如何调整? CFO 不能局限于提供"回顾性"的信息,停留在整理、分析已发生的财务数据,更要善于提供"前瞻性"的信息。

为了应对这些挑战,CFO 正在以全新的姿态,全力以赴做好三项工作:

第一,树立全球化的管理理念,建立世界级的财务支持系统(financial supporting system)。财务支持系统中的"支持"意味着要关心怎样达成公司的战略目标,而非狭隘意义上的财务管理系统。

第二,培养新的财务理念,构建价值链管理模式。CFO 应该培养起包括系统思维和战略规划在内的理念,主动、深入地参与决策、参与战略管理,审视并明确产业链整合的方向和思路。

第三,成为价值的整合者,使企业价值最大化。企业的价值不能只看财务报表的账面价值来衡量,CFO 应该树立起全局观,参与公司的整体价值创造。

建立财务支持系统：
推动系统更新，适应战略管理需要

普华永道会计师事务所在 2000 年调查了 300 家公司，得出一项 CFO 发展趋势的研究报告。报告认为，建立财务支持系统必须通过财务战略、投资管理、资金调度、预算控制、财务处理、绩效考评六个环节，来支撑起公司战略管理和经营管理（见图 13-2）。

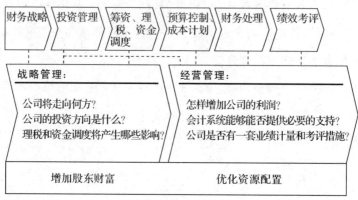

根据企业的战略目标，有效地组织投融资活动，不断提升企业价值。

图 13-2　财务支持系统结构示意

在经营管理上，CFO 应该思考：怎样增加公司的利润？ 会计系统能

192

否提供必要的支持？公司是否有一套业绩计量和考评措施？除了经营管理,新环境下的CFO也要在战略管理方面展开思考:公司将走向何方？公司的投资方向是什么？理税和资金调度将产生哪些影响？

普华永道在调查300家客户的CFO时发现,他们把70％以上的精力放在了前三个环节,原因是CFO们对于什么才是财务战略,都感到比较困惑。

根据教科书的定义,所谓"财务战略",就是根据企业的战略目标,有效地组织投融资,不断提升企业价值的一种策略。也就是说,CFO要建立适应战略管理需要的财务支持系统,要根据企业的战略目标,有效地组织投融资活动,不断提升企业价值的方略。在建立财务支持系统的同时,CFO必须确保以下五点:

1. 支持有力:参与战略规划,支持决策与管理,寻找创制机会,创建赢利模式;

2. 反应灵敏:对风险、突发事件、危机的敏感性和应变能力,即风险控制;

3. 监控严密:严格有效的内部控制制度(业务流程、信用审批、投资审议、绩效评价等);

4. 相对独立:保持财务组织与财务工作的独立性;

5. 规范高效:合法理财,依法披露,追求效率。

构建价值链管理模式：
由"责任中心"向"价值中心"转换

价值链（value chain model）的概念由美国学者迈克尔·波特于 1985 年在其《竞争优势》一书中最先提出。波特认为，价值活动是指企业在经济上和技术上所从事的有明确界限的各项活动，而这些相互联系的价值活动，共同为企业创造了利润，从而形成企业的价值链。

传统的财务管理模式即"采购＋制造＋销售"三把斧，创造价值的机会隐藏在周期性的、静态的、以责任为中心的模式里，难以被发现（见图 13-3）。以价值链分析为基础的财务管理活动，则需要企业财务跳出传统的财务管理模式，真正从企业的战略层面对全产业链进行审视，明确产业链整合的方向和思路。CFO 可以从跨周期、动态的、以价值为中心的模式中，寻找价值动因和价值组合，不放过每一个资金浪费或阻碍流通的环节，实现对价值链的全面管理（见图 13-4）。

以价值链为核心的财务管理，本质上是传统财务在价值链理论下的延伸，根本目标是实现企业价值增值。CFO 也要关注在整个价值链财务管理模式中企业创造价值活动的所有节点，并力求通过一个整体的功能网络链，通过对信息流、物流、资金流的控制，实现对价值链企业群的价值

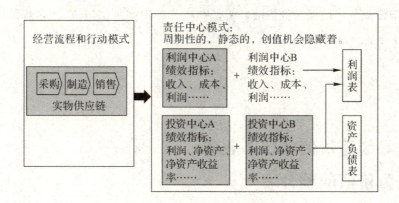

图 13-3 传统财务管理模式

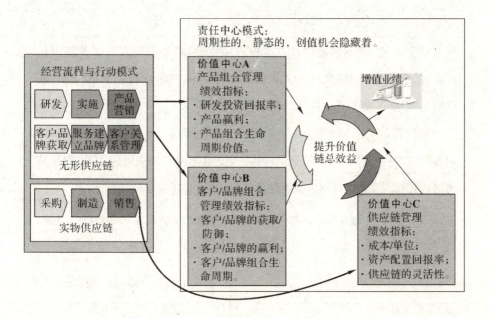

图 13-4 价值链财务管理模式

管理。

　　同时,在价值链上传递的,除了物流、信息流和资金流之外,更重要的

是增值流——确保在价值链上的每一环节都做到价值增值,才是价值链
财务管理的首要目标。

找寻创造价值的核心业务:
成为价值的整合者

综上所述,在不确定性日益增加的环境下,财务领导人和财务组织正
在向"价值整合者"进化,CFO 的首要之务是树立起价值创造的理念,通
过财务报表寻找到创造价值的核心业务。

通过表 13-1 可以看到,尽管在 2007—2009 年这三年间,迪士尼(Disney)
创造的总价值并没有太大的变化,但是和主题乐园有关的延伸产品,如媒体
网络、消费品、互动媒体等方面所创造的价值,确实在提升和增长。

表 13-1 2007—2009 年迪士尼主营收入构成 (单位:百万美元)

业务分类	2009 年	2008 年	2007 年
媒体网络	16209	15875	14913
主题乐园度假区	10667	11504	10626
影视娱乐	6136	7348	7491
消费品	2425	2415	1990
互动媒体	712	719	490
合　计	36149	37843	35510

企业一旦寻找到创造价值的核心业务以后,CFO所担负的职责便是要不断拓展成本管理的新领域,探索新的创值空间,可以采取的做法如下:

1.制造成本外移。2001年,中国加入世界贸易组织前后,许多跨国公司加大了设计研发、售后服务的投资,把组装加工转移到低成本的中国,这就是最常见的一种成本管理的方式(见图13-5)。

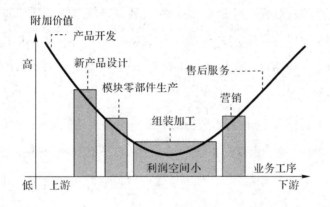

图13-5 CFO对创值空间的探索(微笑曲线)

2.通过价值链战略整合来控制成本。很多制造业采用建立或者借助第三方物流中心的方式,把原材料供应推给上游企业,或者把上游生产的产品先放在物流中心,有生产需要再要求发货,从而使得这部分产品的产权、所有权不会出现在企业的资产负债表里。

3.通过控制战略资源,来降低原材料成本。如果某种资源、原材料有战略意义,CFO一定要事先签订大量或者稳定采购的合同,用比较低的价格稳定未来的成本。

4.通过产品的标准化,减少生产流水。诺基亚(Nokia)最成功的地方在于,不管是什么型号的手机,所有手机的各种零部件加起来不超过 800 种,而且不同手机上的零部件可以相互替代,以便降低成本。

5.管理好未来的价值——特殊资产价值。特殊资产(specific assets)包括企业核心价值观、个人兴趣和偏好、创业者难以被模仿的能力与创意、独特的商业或赢利模式、政商网络、特殊领导与管理方式、秘而不宣的竞争优势等。这些做法虽然无法在企业的财务报表上看到,也无法借助会计数字反映特殊资产对企业的价值,但还是有很多方式可以证明特殊资产的存在。可口可乐 CEO 阿萨·坎德勒(Asa Griggs Candler)就曾经说过:"即使我的公司一夜间被大火毁灭,但我第二天依然可以筹集到更多的资金东山再起。"

从财务角度看,可口可乐公司的有形资产为 160 亿美元,市值却达到 1600 亿美元,账面价值仅为市值的约 10%,可见其核心价值主要是源于企业的无形资产和骨干员工,而这种核心价值对公司的竞争力和赢利能力,无疑起着至关重要的作用。

20 世纪八九十年代,大部分公司都是通过有形资产来创造价值;时至今日,对市场价值产生影响的是已经转变为企业的无形竞争力,影响企业创造价值的能力,也主要来自于无形资产。无形资产并不是一般意义上的商标、专营权、专利权,而是基于企业内部的制度建设、系统改造、供应商与客户之间的渠道处理等。

反观中国,许多历史上颇具品牌意识的老字号,在多年商海沉浮中,已有 70% 以上破产;幸存者当中,经济效益乐观者不足 20%,足以形成经济规模的更是凤毛麟角。究其原因,不外乎不能在产品实力、资本实力、营销能力与手段、管理能力、创新能力等面向上不断改善精进。

有着 1300 多年历史的日本法师温泉旅馆(Hoshi Ryokan),至今已经传承了 46 代,并被吉尼斯世界纪录(Guinness world records)认定为"世界最古老的旅馆",因为它除了贩卖有形的商品或服务之外,更提供了精神与非物质层面的无形价值:不仅历代家族成员都奉行着守护温泉并让众人享用的理念用心经营,其他企业利益相关者,包括员工、消费者、政府与社会,也都能认同这种价值。

这些企业所坚持的价值观,与许多现代企业所强调的核心价值有密切关系,更是 CFO 可以着力于找寻与创造价值的关键领域。

结论 CEO 与 CFO 是决策搭档

随着经营环境的日益诡谲多变,掌管公司生存命脉与财务资讯的 CFO 们,应该从财务报表与历史资料中抬起头来,更多从战略层面和全局角度来思维行事,并与 CEO 形成一个既合作又监督的关系,在合作中监督,在合作中博弈,而不是对抗博弈,毕竟两者同处一家企业,而公司价值便在于 CFO 与 CEO 的交汇点。

不过,CFO 要能善尽职责,也需要具备在压力下坚持原则的能力。在一定程度上,CFO 的职责就是拉紧 CEO 的"缰绳",是需要勇气和信心才能做到的。

坚持专业的判断以及诚实的原则直到最后,是 CFO 最可贵的品质。那些敢于发表对企业战略的意见而冲撞 CEO 的 CFO 们,正是 CEO 心目中理想的人选。

图书在版编目（CIP）数据

MBA 名师这样谈管理/《蓝狮子经理人》编 . —杭州：
浙江大学出版社，2013.12
ISBN 978-7-308-12195-8

Ⅰ . ①M… Ⅱ . ①蓝… Ⅲ . ①企业管理 Ⅳ . ①F270

中国版本图书馆 CIP 数据核字（2013）第 202505 号

MBA 名师这样谈管理

《蓝狮子经理人》编

策　　划	杭州蓝狮子文化创意有限公司	
责任编辑	曲　静	
出版发行	浙江大学出版社	
	（杭州市天目山路 148 号　邮政编码 310007）	
	（网址：http://www.zjupress.com）	
排　　版	杭州中大图文设计有限公司	
印　　刷	浙江印刷集团有限公司	
开　　本	710mm×1000mm　1/16	
印　　张	13.5	
字　　数	154 千	
版 印 次	2013 年 12 月第 1 版　2013 年 12 月第 1 次印刷	
书　　号	ISBN 978-7-308-12195-8	
定　　价	42.00 元	